本书由贵阳学院博士科研启动经费资助出版 GYU-KY-〔2021〕

# 消费文化对居住空间的影响

## ——以 1988—2019 年成都市的数据为例

姜 楠◎著

西南交通大学出版社

·成 都·

## 图书在版编目（ＣＩＰ）数据

消费文化对居住空间的影响：以 1988—2019 年成都市的数据为例 / 姜楠著. —成都：西南交通大学出版社，2021.7

ISBN 978-7-5643-8143-1

Ⅰ. ①消… Ⅱ. ①姜… Ⅲ. ①住宅消费 – 文化研究 – 中国 Ⅳ. ①F299.233.5

中国版本图书馆 CIP 数据核字（2021）第 141969 号

Xiaofei Wenhua dui Juzhu Kongjian de Yingxiang
——yi 1988—2019 Nian Chengdu Shi de Shuju wei Li

# 消费文化对居住空间的影响

——以 1988—2019 年成都市的数据为例

姜 楠　著

| | |
|---|---|
| 责 任 编 辑 | 居碧娟 |
| 封 面 设 计 | 原谋书装 |
| 出 版 发 行 | 西南交通大学出版社 |
| | （四川省成都市金牛区二环路北一段 111 号 |
| | 西南交通大学创新大厦 21 楼） |
| 发行部电话 | 028-87600564　028-87600533 |
| 邮 政 编 码 | 610031 |
| 网　　　址 | http://www.xnjdcbs.com |
| 印　　　刷 | 成都蜀通印务有限责任公司 |
| 成 品 尺 寸 | 170 mm × 230 mm |
| 印　　　张 | 13 |
| 字　　　数 | 191 千 |
| 版　　　次 | 2021 年 7 月第 1 版 |
| 印　　　次 | 2021 年 7 月第 1 次 |
| 书　　　号 | ISBN 978-7-5643-8143-1 |
| 定　　　价 | 80.00 元 |

# 前言

当前，消费文化逐渐影响我们社会生活的诸多层面与领域，影响着国人的生活方式、价值观念及行为准则。当前我国居民对日常生活审美的更高层次要求及商品符号价值的追求成为一种自发和自觉的行动，个性化消费开始成为个人和家庭生活的重要内容，这对中国当代消费文化的导向研究和模型建构具有重大意义。

住房作为家庭最重要、最基本，也是最昂贵的消费，在这场变革中也不可避免地受到消费文化的影响与侵蚀，甚至有学者认为，中国的消费革命首先在住房消费上得到很好的体现。近年来，我国城市住房问题备受社会各界的普遍关注，但对住房相关问题的研究仍然局限于经济学领域或传统都市社会学领域。今天的消费文化并不是简单的经济学角度的产品消费、市场消费所能涵盖的，更重要的是，消费作为一种符号象征体系深刻地改变了整个社会的价值观念和文化认同方式，成为社会结构和社会秩序及其内在区分的主要基础。传统人文社会学科原来所面对的都市文化经验和解释策略失去了其有效性，如何紧密联系社会现实和生活本身展开新的学术探讨，从最深刻的思想意义与最直接的现实意义上把握当代城市住宅空间发展的本质与规律成为当前的重要课题。

本书立足我国社会背景，综合文化研究、人文地理学、城市社会学的相关理论，以成都市数据为例，用理论梳理和实证研究相结合的方法，从消费文化的研究视角分析居住空间变迁的原因、过程及程度。全书分为六章。

第一章主要阐述了本书的研究背景、研究意义、研究现状，以及本书的创新和存在的问题。

第二章介绍了本书的理论来源和研究方法。其中，理论来源部分概述了当前消费空间研究的三大理论范式，并在对其进行梳理、评价的基础上予以合并、修改与借鉴，提炼出一套适合本书的研究思路。研究方法部分，着重介绍了本书对研究对象、研究地点、研究方式的选择，最终确定以成都市为个案，以因子分析法和访谈法相结合的方法，从居住物质空间、居住认知空间、居住社会空间三个方面展开研究。

第三章从物质空间的角度分析居住空间的变迁与重构。本章以大量的数据、图片和资料为依据，从居住区域、居住形态、居住风格三个方面客观地展示了成都市 1988—2019 年间居民住宅发生的巨大变迁。

第四章从认知空间的角度，对成都市居民居住价值观和居住审美观进行因子分析和访谈研究。认为 31 年间，成都市民的空间认知观念发生了根本性的变化。居住价值观方面，住房由公共财产转变为私人财富；居住目标由满足基本生存转变为追求舒适美观；居住态度由传统的节俭适度转变为超前消费。居住审美观方面，居住审美意识由理性的伦理本位向感性的生活本位转换；居住审美方式由抽象的精神观照向感官享受的生存实践变革，其中居住需求的审美泛化、居住审美意识的世俗化、居住审美方式的多元化、居住消费的时尚化等趋势越来越明显。

第五章从社会空间的角度，对成都市居住空间分异和身份认同两方面进行实证分析和访谈研究。31年间成都市居民居住空间的变迁，是一个深刻、动态的社会过程。居住空间分异方面，原来以单位为基本单元组合而成的居住空间结构状态变成了以个人支付能力、审美偏好为基础的空间格局。身份认同方面则有两种趋势，一种趋势是聚居形成的相互认同的社区与文化；另一种趋势是，由于消费文化的影响，人们对住房符号系统为其身份所提供的意义予以积极的认同，在一定范围内，打破了完全以收入为基础的分异方式，形成以文化品位、审美意趣的相似性和差异性为基础的空间分异。

第六章在对前文作综合总结的基础上，提出两点建议：一是希望学界对中国城市空间文化研究要立足我国现实问题，将消费作为一种文化关切引入到研究中来，多途径地借鉴各种西方理论资源去进行新的审视和新的探索，构建具有符合国情的文化研究的理论与方法。二是希望政府对住房消费的调控工作不要仅仅停留在经济学领域，还应该从"文化"的角度，分析人们消费行为背后的价值观、审美意识、身份认同等深层心理因素，制定有效的文化政策，使中国房地产市场走向良性循环发展的道路。

**作　者**

2020 年 12 月

# 目  录

# 第一章 导 论

## 一、研究背景与研究意义

### （一）外部环境的变迁

当前，人类社会不断跨越时间、空间、制度、文化等各种障碍，在全球范围内进行资本、信息、人员的沟通与交往，使世界的面貌发生了巨大的变化，呈现出政治多极化、经济一体化和信息产业化的新图景。全球化的发展进程是错综复杂的，但有一个主线一目了然，那就是消费文化的全球盛行。如果说在法兰克福学派对文化工业进行批判的时期消费文化就已初露端倪，那么今天经济全球化的推进和全球市场体系的建构，则宣布了消费文化时代的到来。

从历史的发展过程来看，消费是产业社会之前、人类开始活动以来就进行着的生活过程，而消费文化则是伴随着后工业社会的诞生而出现的。1913年福特汽车公司在美国密西根生产出的第一辆汽车，标志着标准化、大规模工业化生产模式的启动，商品的成本价格大大降低，各种消费品逐渐进入大众的日常生活。20世纪60—70年代，随着福特主义的结构性危机出现，被称为"后福特主义"或"弹性生产方式"的生产模式应运而生，它赋予了消费一种全新的意义，适应了后现代社会对时尚的追逐和个性化的生活方式的需要。这种转变反映了西方社会从工业社会向后工业社会的转变，从传统的以生产制造为中心的社会向以消费为中心的社会的转变。在这个转变过程中，消费逐渐成为推动资本主义生产力发展的不可取代的生产要素，成为社会生活的主要建构因素而不是被建构的结果，它遵循的是日常生活和商品的符号化原则，其最终目的就是让人不断地追求和消费商品。

因此，当今的消费文化并不是简单的经济学角度的产品消费、市场消费所能涵盖的。经济的发展只是为大规模消费提供了可能性，更重要的是，消费作为一种符号象征体系体现了一种差别次序，即以"物"为符号区分社会等级和社会身份，对"物"的消费已经成为人们自我表达和相互识别的主要形式和意义来源，成为对人的行为和群体认同进行符码化和规约的分类系统，成为社会结构和社会秩序及其内在区分的主要基础。正如英国社会学家鲍曼（Zygmunt Bauman）所言："在生活层面上，消费是为了达到建构身份、建构自身以及与他人的关系的目的；在社会层面上，消费是为了支持体制、团体、机构等的存在与继续运作；在制度层面上，消费则是为了保证种种条件的再生产，而正是这些条件使得所有上述活动得以成为可能。"①

消费文化的全球化进程是随着物质和观念的跨越边界的流动而产生的结果。斯克莱尔（L. Sklair）认为，消费文化是正在向世界各个角落渗透的资本主义体系的扩张，该体系是由三种相互联系的主要力量所推动和主导的：在政治层面上是全球化的资产阶级权力和利益；在经济上是以跨国公司为主体的组织手段；在文化上则是以消费主义为主导的意识形态②。因此，斯克莱尔指出，在当代社会，无论是东方还是西方，北方还是南方，穷国还是富国，都是"消费主义"社会。在这个时代，没有人和事能免于商品化、商业化、被购买和出售，没有哪个国家和民族能免于消费文化意识形态的侵蚀和影响③。随着全球化的发展，消费文化被不同国家、民族的文化选择、吸收，渐渐制度化、合理化，而一些传统的文化被抑制、扬

---

① [英]泽格蒙特·鲍曼：《自由》，转引自包亚明《游荡者的权利》，北京：中国人民大学出版社 2004 年版，第 7 页。

② [美]莱斯雷·斯克莱尔：《社会运动与全球资本主义》，载弗里德里克·杰姆逊、三好将夫《全球化的文化》，马丁译，南京：南京大学出版社 2002 年版，第 252 页。

③ [美]莱斯雷·斯克莱尔：《社会运动与全球资本主义》，载弗里德里克·杰姆逊、三好将夫《全球化的文化》，马丁译，南京：南京大学出版社 2002 年版，第 258 页。

弃，开始越来越多地具有世界趋同性特征，遍布世界的麦当劳、星巴克以及全球各大城市中愈来愈相似的购物中心、摩天大楼、精品商店、步行街等消费文化景观，都在暗示着世界均质化发展的趋势。

但是，消费文化的全球化并不意味着文化的真正同质，著名学者于沛认为，经济全球化以及金融全球化和传媒全球化等，不会导致文化全球化。恰恰相反，在全球化的背景下，将进一步形成各民族文化的多样性。漫长的世界历史告诉人们，人类文化的发生和发展都是多样的，从来不存在单一的全球文化模式，所谓文化全球化，是在多民族文化共存的基础上谋求发展，也就是说，多种文明程度的、多种层次的文化的共存、交流和融合才是全球化的大趋势①。全球化和本土化两极互动，构成了这个时代的文化脉搏，一方面，全球化加强了文化的互动与交往；另一方面，文化的民族自觉日益高涨，不同类型的文化在走向世界的进程中，其民族性不仅不会丧失，反而会在与其他民族文化的交流和融通中显示出自己的价值和生命，呈现出民族特异性和全球趋同性的共容性特征，撇开本土来强调全球化或撇开全球化来强调本土，都不是科学的态度。当然，文化的多样性和多元性并不能否定消费文化作为主导文化或文化的主导趋势的存在，地方传统文化的认同和"寻根"正是在消费文化的强大压力下的必然反映，当今文化的多元性不如更恰当地表述为消费文化主导下的多样性②。

随着改革的不断深入和对外开放的不断加快，中国经济已经融入世界经济体系，成为全球最具活力和潜力的市场。在这种背景下，消费文化逐渐渗透到我国社会生活的各个领域，影响着中国人的生活方式、价值观念及行为准则。1978 年以前，中国社会处于计划经济的体制下，市场发育不够，人们的整体生活水平很低。国家管控着各种生产资料，并通过再分配体制分配社会财富。在整个社会的消费结构中，公共消费占主导地位，而居民个人的消费被忽视，形成了凭票买布、买油、买粮食的现象，大多数人穿几乎相同的衣服，吃几乎相同的食物。20 世纪 90 年代后，人们生活水平得到很大改善，原来那些靠国家、单位分配消费品，凭票供应甚至要

① 于沛：《反"文化全球化"》，载《史学理论研究》2004 年第 4 期，第 47 页。
② 陈昕：《救赎与消费》，南京：江苏人民出版社 2003 年版，第 79 页。

靠特殊的社会关系获得的稀缺商品如电视机、电冰箱等成为普遍的日常用品。不仅如此，进入 21 世纪以后，"新的消费类型、人为的商品取舍、时尚和风格的急速变化，广告、电视和媒体以前所未有的方式全方位地渗透到人们的日常生活中"①。

中国经历的这场变革，并不仅仅只是人们日常生活消费层面的变革，它还深入社会的各个层面和价值领域，通过反映特定意识形态的话语系统对人们的道德、思想、观念产生了深远的影响。早在 2001 年，《中国青年报》公布了中国社会科学院社会学所在北京、天津两地对于 500 个案例进行调查分析得出的结果，有 77.3% 的人在日常消费生活中具有消费主义倾向②。尽管 2001 年的中国社会整体仍属于发展中国家，经济能力仍然相对落后，但消费文化已经开始确立其在日常生活里的意识形态影响力。时至今日，中国居民的消费观念与消费行为出现了更为明显的消费主义倾向，个性化消费开始成为个人、家庭生活的重要内容，且这一倾向呈现出从高收入阶层向中低收入阶层、从城市向农村扩散的趋势。

作为家庭最重要、最基本，也是最昂贵的消费品——住房，在这场变革中也不可避免地受到消费文化的影响与侵蚀，甚至有学者认为，中国的消费革命首先在住房消费上得到很好的体现。③在计划经济时期，居民住房基本由单位组织和安排，从而形成以单位为基本单元组合而成的居住空间结构状态。在市场经济背景下，由于城市土地制度和住房制度改革的不断深入，单位制逐步解体，住房消费也随之发生了根本性变化。到 2004 年，全国城镇家庭的住房消费性支出占全部支出的 10.21%，超过人们的衣着、家庭设备用品、医疗保健等消费所占的比例，比 1990 年的 6.98% 翻了将近一倍④。2013年，北京大学调查报告显示，住房占中国城市家庭资产的比重达 80%。我国目前城镇居民家庭平均收入和房价比已远远超过世界银行提出的合理比例，尤其在北京、上海、深圳等一线城市，购买一套住房可能要花掉许多人一生

① [美]弗雷德里克·詹姆逊：《文化转向》，胡敏译，北京：中国社会科学出版社 2000 年版，第 19 页。
② 王文英、叶中强：《城市语境与大众文化》，上海：上海人民出版社 2004 年版，第 157 页。
③ 卢泰宏等：《中国消费者行为报告》，北京：中国社会科学出版社 2005 年版，第 7 页。
④《中国统计年鉴 2005》，北京：中国统计出版社 2005 年版，第 79 页。

的积蓄。即便如此，中国目前的房地产市场仍然持续火爆，很多已经有了条件不错的住房的人仍然在购买住房，其中有很大一部分是用作投资，而更多的是用于"改善性需求"，是为了"升级换代"，是为了追求更加舒适、宽敞、高档的住宅所代表的生活方式，是为了满足不断被制造出来、被刺激起来的欲望。这导致了两个问题：首先，由于住房价格的快速上涨，房地产投资过热，远远超过 GDP 增长速度，房地产泡沫问题成为影响社会稳定的重大隐患。其次，由于住房消费的分化，导致了居住空间不断分异和区隔，人们的行为认知空间也相应地日益复杂化和多元化。

笔者认为，目前住房消费所体现出的重要性和复杂性代表了中国社会发展中所面临的诸多问题和矛盾，是对当前中国消费文化的表现形态进行研究与阐释的一个非常有价值的切入点。住房是个体生存最重要的根基和寓所，和衣、食、行一样，都是人们不可或缺的、满足生活的基本物质条件，享有住房权是每一个公民应有的基本权利。在市场经济条件下，住房商品化已不可逆转，由此带来的经济增长、经济发展以及伴随而来的一系列矛盾和问题都已客观地摆在我们面前。近年来，我国住房价格的持续上涨问题受到社会各界的普遍关注。为了调控房价，中央出台了一系列宏观政策，各大城市也出台了限购、限贷、限售、限离（限制离婚家庭购买住房），查处经营贷款、消费贷款、首付款来源等措施和政策。因为住房消费的变迁在当代中国社会已经不能单纯地被归结为经济发展的必然性，它还是整个价值观念和文化认同体系发生深刻变革的表征，它以一种非政治的、普遍的伦理、风尚和习俗的形式将消费作为一种具有价值取向的文化选择灌输到人们的意识中。所以，对住房消费的研究和调控工作不能仅仅停留在经济学领域，还应该从文化研究的角度，分析住房消费行为背后的价值观、审美观、认同观等文化因素发生变迁的原因、过程及程度，这对中国房地产市场的稳定、中国经济的可持续发展、老百姓切身利益的保护都具有重要的现实意义，也是本书试图对此问题进行研究的原因。

（二）研究范围的扩延

理论范式是随着外部环境的发展演变而不断转变更新的。当代人文社会学科研究的语境已经发生了根本性的变化，学科原有的认知图示和解说系统逐渐失去其有效性，多途径地借鉴各种理论资源去进行新的审视、新的探索以寻求合理的解释成为必然，这使得原来清晰的学科边界不断发生扩展和蔓延，各学科之间广泛地交叉融合，促成了学术范式的当代转型。

一方面，在多元文化的倡导和人本主义思潮的推动下，文化与既有的各种学科发生了粘连，建筑设计、城市规划、地理学等空间学科同经济学、社会学、政治学、文化研究、文学研究等人文学科，与日俱增地交叉渗透，出现了"文化转向"的趋势，从文化的角度对相关的问题进行深入的分析和研究已成为各学科共同关注的焦点和方法论基础。在这股大潮中，地理学的发展尤为突出，形成了"人文地理学的社会关联运动"[①]。英国地理学家约翰斯顿（R.J.Johnston），在其著名的地理学评述著作《地理学与地理学家》（*Geography and Geographers*）第五版中，将 20 世纪 80 年代以来的人文地理学发展正名为"文化转向"。2004 年出版的由西方文化地理学家邓肯（James Duncan）等主编的《文化地理学读本》（*A Companion to Cultural Geography*）中，也用专门章节研讨人文地理学的"文化转向"问题，认为当代地理学的文化转向以西方马克思主义、后结构主义、女性主义、后殖民主义等后现代思潮为理论基础，以所谓"新文化地理学"的崛起为主要代表。英国地理学家杰克逊（P.Jackson）与考斯格罗夫（D.Cosgrove）首发先声，研究内容从传统的区域研究和空间分析转向解决现实性社会问题，提出要关注文化的生产运作、价值内涵与符号意义，进而基于这些内容来考察空间构成、空间秩序、空间竞争、空间和地方的作用、文化政治、日常生活与消费等话题。

文化地理学的思想火化来源于 16 世纪的人类学。18 世纪末，德国政治理论学家拉策尔（S.Ratzel）的作品《人类地理学》问世，开了文化地理学研究的先河。拉策尔借用达尔文"适者生存"的学说来分析不同文化之间为了生存和繁荣进行的互相竞争。这种文化领域的弱肉强食的思想有许多负面影响，与当时西方帝国主义的殖民扩张有很大的联系，直接启发了

---

① 王兴中：《社会地理学社会—文化转型的内涵与研究前沿方法》，载《人文地理》2004 年第 19 期，第 2-8 页。

20 世纪 20 年代美国以埃伦·塞坡尔（Ellen Semple）为代表的学者提出的环境决定论。①20 世纪上半叶，受芝加哥大学社会学研究影响，地理学家索尔（Carl Sauer）将人类学、社会学的视角引入人文地理学研究，提出解释文化景观是人文地理学的研究核心。在他的带领下，美国加利福尼亚大学伯克利分校地理系在对环境决定论的批判中逐渐形成了极具文化特色、历史特色的"伯克利学派"。一般而言，西方成熟的文化地理学，就是从伯克利学派开始的。②

第二次世界大战结束后，西方人文地理学在不断革新变化的过程中呈现出多元化的趋向。20 世纪 50 年代末，整个北美和其他英语国家的地理学界先后掀起了"计量革命"，实证主义被广泛引入人文地理学的研究中，深刻地影响了学术的发展。60 年代，受行为主义心理学的影响，人文地理学产生了行为主义学派，开始对人的心理决策和行为认知进行研究。1976年，出于对机械的统计模式和实证主义研究范式的不满，美国华裔地理学家段义孚在美国地理学协会会刊上发表论文，以现象学、存在主义、理想主义为哲学基础，首次使用了"人文主义地理学"这一称法③，把人的经验看作有效的知识来源，注重从感应环境去解释人的行为，从而揭示不同环境对行为者的主观意义。

20 世纪 80 年代，结构主义思潮与地理学结合，出现了以大卫·哈维（David Harvey）、曼纽尔·卡斯特（Manuel Castells）为代表的马克思主义政治经济地理学理论，主张地理学从理论到实践都应从政治、经济和文化背景加以考察，把人文地理学研究引向了对阶级、财产关系、资本积累等深层机制的关注，并开始用全球化的视角进行观察，为深入研究社会不平等现象提供了强有力的阐释工具。

20 世纪 80 年代后期，人文地理学受后现代主义哲学思潮影响，开始了对少数人群问题特别是少数族裔和女性地理学的研究，主要表现在对"社

---

① [英]迈克·克朗：《文化地理学》，杨淑华、宋慧敏译，南京：南京大学出版社 2005 年版，第 9 页。
② 唐晓峰：《文化转向与地理学》，载《人文地理》2000 年第 7 期，第 73 页。
③ Tuan Y F. "Humanistic geography" in Annals of the association of American geography，1976，66，pp.266-276.

会空间"的非正义性进行批判，兴起了新文化地理学和后现代地理学。对文化概念的重新理解是新文化地理研究范围拓展的理论基础，建立在对伯克利学派的文化概念的批评之上。新文化地理学认为伯克利学派预设了一个主导性的覆盖整个社会的文化力量，这个文化，即主流文化，代表了精英主义的立场，应该被扬弃。

新文化地理学将文化视为一整套的思想观念、价值观念以及相关联的符号意义，以特有的空间思维揭示了价值的空间形态，讨论符号意义的空间再现，认为社会存在、社会关系的空间形态与其时间形态一样，属基本形态，而具体的空间形态总与特定价值、符号、意义相对应。①随着文化转向的深入，长期被忽略的具有不同价值属性的各类社会群体被纳入研究视野，许多歧视、压抑、排斥、不公正的空间场景（如少数族裔空间、女性空间、同性恋空间、贫困者空间等等）成为新文化地理学关注的重点。

爱德华·索亚（Edward W.Soja）的"空间三部曲"（1991 年出版的《后现代地理学》、1996 年出版的《第三空间：去往洛杉矶和其他真实和想象地方的旅程》、2000 年出版的《后大都市：城市和区域研究》）堪称后现代地理学的经典著作。索亚主要致力于研究以洛杉矶为范例的大都市如何从分散的城镇村落发展成为世界上最大的超级城市之一，以及在这种后现代空间重建过程中显示出的种种问题，揭示出当前城市重建的全球化浪潮是对世界上越来越多的人口和资源的征服、边缘化和剥削，由资本左右，持续不断地对城市空间进行区域化、非区域化以及重新区域化，其目的是无休止地进行资本积累，其结果是加速了社会和经济的两极分化。②在研究中，索亚倡导理论界重新思考空间、时间和社会存在的辩证关系，提出了"第三空间"理论，将第三空间作为第一空间（物理空间）和第二空间（表征或感知的空间）的本体论前提，把空间的物质维度和精神维度都包括在内的同时，又超越了这两种空间概念，呈现出极大的开放性。索亚的研究中采用了语境分析和跨学科方法，展示出了极为广阔的学术视野。他的影

---

① 唐晓峰：《文化转向与地理学》，载《人文地理》2000 年第 7 期，第 76 页。
② [美]爱德华·索亚：《后现代地理学：重申批判社会理论中的空间》，北京：商务印书馆 2004 年版，第 145-170 页。

响远远超出了地理学科，波及更为广泛的文化研究的方方面面，在一定程度上反映了当今西方理论的空间转向。

沙朗·佐京（S.Zukin）从另一个途径来勾勒后现代城市图景，把后现代城市描绘成日益商业化的新消费主义的场所。她在《城市文化》一书中，描绘了美国城市由计划型向市场型转化过程中文化所起的重要作用，揭示了这种文化所具有的欺骗性和虚构性，以及它如何强加于人们的日常生活。主流的社会科学在阐释人类历史和社会时，忽视了空间特殊性的解码性潜力。正是在这个意义上，佐京提出了"谁的文化？谁的城市？"的问题。与索亚一样，佐京同样认为文化是控制城市空间的一种有力手段，作为意象与记忆的来源，它象征着"谁属于"特定的区域。佐京的研究深入发掘了空间维度的文化意义，使得都市空间研究与文化研究之间产生了一种相互依赖的紧密联系①。

在"文化转向"的同时，社会学、政治学、文化研究、文学研究等亦经历了一个引人注目的"空间转向"，被认为是20世纪后半叶知识和政治发展中举足轻重的事件之一。在后现代思潮的影响下，学者们开始关注各种空间议题，把以前给予时间、历史和社会的礼遇纷纷转移到空间上来，与空间相关的领域大量进入文化社会学科研究的主题，开始同建筑设计、城市规划、地理学等空间学科日益交叉渗透。

传统研究中，"空间"是实在的物理实体，是社会关系演变的静止"容器"或"平台"。柏拉图和亚里士多德都将空间视为本身不具有任何意义的客观容器，而康德在《纯粹理性批判》一书中，认为时间和空间都是先天的直观形式。19世纪以后，西方学界对时间予以关注，认为时间是丰富的、多产的、有生命力的、辩证的，却把空间当作刻板的、僵死的、非辩证的东西。而在马克思看来，社会存在和社会生成是受条件限制的历史创造，对空间也缺乏重视和关照，使现代社会批评理论长期处于历史决定论的笼罩之下②。

---

① [美]Michael J.Dear：《后现代都市状况》，李小科等译，上海：上海教育出版社2004年版，第4-5页。
② [美]爱德华·索亚：《后现代地理学：重申批判社会理论中的空间》，北京：商务印书馆2004年版，第15-16页。

20世纪二三十年代，城市社会空间的研究以芝加哥学派为开端，引入生态学的分析方法分析城市成长的机制及其社会后果，研究为争夺有限资源而发生的城市空间的扩张和分化过程及其伴随的城市文化问题。1974年，法国新马克思主义哲学家亨利·列菲弗尔（Henri Lefebvre）出版的《空间的生产》（The Production of Space）标志着人文社会学科的空间转向。书中列菲弗尔反对传统社会理论视空间为单纯、客观的物理空间，提出了"社会空间"的概念，认为社会空间与社会生产是辩证统一的，社会空间由社会生产，同时也生产社会。一方面，空间是社会过程的结果，是在历史发展中产生的，并随历史的演变而重新结构和转化，每一个社会、每种生产模式都会生产出与自身相匹配的独特空间。另一方面，空间也是一切社会活动、一切社会力量产生、发展的场所，它本身就是一种强大的社会生产要素，在社会再生产的延续中起到决定性作用。列菲弗尔在地理学及都市研究领域中的影响力是无人可以企及的，他的思想使大卫·哈维、爱德华·索亚等人受益匪浅。

1976年，福柯（Michel Foucault）在题为《其他空间》的讲演中，指出20世纪预示着一个空间时代的到来，人们正处于一个同时性和并置性的时代，所经历和感觉的世界更可能是一个点与点之间互相联结、团与团之间互相缠绕的网络，而更少是一个传统意义上经由时间长期演化而成的物质存在[1]。在《空间、知识、权力》的访谈中，福柯更强调空间是一切公共生活形式的基础，是一切权力动作的基础。

空间、知识、权力的三位一体与后现代主义文化的理论批判有着千丝万缕的联系。自20世纪80年代以来，后现代性的讨论深刻地影响了人文社会学科的发展，后现代思想的兴起，极大地推动了思想家们思考空间在社会理论和构建日常生活过程中所起的作用，空间意义重大已成普遍共识。哈维在1990年出版的《后现代状况》（The Condition of Postmondernity）一书中，从都市研究的角度全面地讨论了后现代性以及与之相关的时间、空间问题。哈维认为"空间范畴和空间化逻辑主导着后现代社会，就像时间

---

① [法]福柯：《后现代性与地理学的政治》，载《都市与文化》第一辑，上海：上海教育出版社2001年版，第19-28页。

主导着现代主义世界一样。"①后现代性是与"时空压缩"相关联的，当代资本主义弹性生产方式下产生的最重要的发展是人与人工制品的空间流动性的不断增加，在这种情况下，后现代性与一种新的"无地方性"都市环境的发展联系在了一起。弗里德兰德（Roger Friedland）和包登（Deirdre Boden）在《此刻在此：空间、时间与现代性》（*Now Here：Space Time and Modernity*）一文中也认为，后现代性改变了空间与时间的表现，并进而改变了人们经历与理解空间和时间的方式。后现代性是以即刻性和间距性为标志的，计算机、手机、电话等的发展使人在任何一个地方、任何时候都能与他人联络，这是人类历史上第一次全球性的在场。人、事件、组织、全社会不再简单地与单一的地方或特定的时间相关联，空间和时间已经成了思考后现代性组织与意义的媒介②。

安东尼·吉登斯（Anthony Giddens）将后现代看成是高度现代性的阶段，而不是一个与现代性截然不同的阶段，不存在两者间突兀的转变。在《现代性与自我认同》一书中，吉登斯认为"时空分延"是现代性或现代社会的问题的核心和关键。现代社会不仅使时间与空间相分离，而且使空间与场所相脱离。在互联网等科技手段和社会组织方式的推动下，在场的东西的直接作用越来越被在时间—空间意义上缺场的东西所取代，社会关系被从相互作用的地域性的关联中"提取出来"，在对时间和空间的无限跨越的过程中被重建，这种时间与空间的混杂排列就是"时空分延"，这是全球化的基本特征，是政治与经济两种合力作用的结果，它在建立国际新秩序的力量对比的同时，也在改变着人们的日常生活。③

建筑与空间，以及两者之间的关系，是理解社会生活的关键性纬度。本雅明（Walter Benjamin）对巴黎拱廊的分析是较早涉足该领域的研究。他把巴黎拱廊看作现代都市的一个寓言，广阔复杂的都市空间构成了人们对现代城市的基本认知。对后现代建筑所构成的都市空间的分析也是弗里

① David Harvey. The Condition of Postmonderni. Oxford: Blackwell, 1990, pp.7.
② Roger Friedland and Deirdre Boden, eds. Now Here: Space Time and Modernitv. Berkeley and Los Angeles, CA: University of Califomia Press, 1994, pp.1-3.
③ 包亚明：《现代性与空间的生产》，上海：上海教育出版社 2003 年版，第 6-7 页。

德里希·詹姆逊（Fredric Jameson）后现代主义理论的核心议题。1984 年发表在《新左派评论》上的著名文章《晚期资本主义的文化逻辑》被公认是詹姆逊后现代文化和症状学理论的代表作。詹姆逊认为后现代的概念最早体现在建筑方面，即对以柯布西耶（Le Corbusier）为代表的"国际风格"的现代建筑的严厉批判引发了北美后现代主义的崛起。以建筑艺术为出发点的后现代主义是一种美学上的民本主义，基本特征就是消解了高雅文化和大众文化之间的界限。他认为后现代空间是一种"超空间"，是一种全球性、整体性的全新空间，它超越了个人身体和认知能力，被高度碎片化，并被加以多重符码化，伴随而来的现象是新的大众商业文化文本随意地、无原则地、充分地拆解了以往的一切，并把它们结合在新的整体性中。空间在后现代社会的构建过程中起了"至关重要的调节作用"，在后现代社会的日常生活里，人们的心灵经验和文化语言都已经让空间范畴而非时间范畴支配着。这种都市空间的新形式，需要借助全球性的"认知绘图"（cognitive mapping），即以当前的空间概念为基本依据的政治文化模式，来理解现代空间环境，恢复批判性意识。①

20 世纪 90 年代后期出现的这场跨学科的文化转向和空间转向，算得上是一次重大的学术转型。学者们对"文化"和"空间"的前所未有的重视，给文化研究注入了思想与阐释的新范式和新视野，有助于我们思考现实生活的复杂性与多变性。当前社会是被空间化逻辑所主导的社会，通过空间结构的分析可以辩证地定义一般生产组织之间的相互关系。因此，以"空间"为切入点重新思考当前的文化问题，已经成为今天介入生活、研究问题难以回避的逻辑起点和研究策略。

改革开放以来，中国社会的发展和变革错综复杂，以消费文化为表征的全球化进程正日益深刻地影响着我国经济秩序和文化构成，使得作为经济文化核心载体的城市空间也随之发生了巨大的变迁和转型。传统人文社会学科原来所面对的都市文化经验和解释策略失去了其有效性，只有紧密联系社会现实和生活本身展开新的学术探讨，才能在最深刻的思想意义与最直接的现

---

① [美]弗里德里希·詹姆逊：《晚期资本主义的文化逻辑》，陈清侨等译，北京：生活·读书·新知三联书店 2003 年版，第 423-515 页。

实意义上把握当代都市空间文化发展的本质与规律。但我国理论界极少关注城市消费空间问题，从文化角度针对我国城市居住空间消费现状进行的实证研究更少，而且在现有的少量研究中，大多以西马的批评否定的立场为理论基础，对当前很多现实问题的解释过于苍白和片面，与当前中国城市化进程的飞速发展、当前中国老百姓最为重视的住房问题以及与之密切关联的社会经济问题严重脱节。本书立足中国现实社会背景，综合文化研究、人文地理学、城市社会学的相关理论与方法，把中国城市居住空间结构变迁置于消费文化全球化进程的历史背景之下加以观照，试图通过对历史的追溯和对数据的分析寻找当前中国住宅中存在的问题和原因，具有一定的现实意义，对促进我国文化研究学科本土化发展也具有一定的价值。

## 二、研究现状

### （一）国外研究现状

一直以来，消费文化的空间地理研究备受忽视，直至近十几年才成为关注的焦点。追根溯源，最早对消费议题有所着墨的是柏克莱文化地理学派关于食物禁忌与饮食疗法的研究。现在，学者们对消费的兴趣，显然与当前都市环境的骤变有密切关系。20 世纪晚期，一种全新的消费景观，如超级市场、购物中心、主题公园，还有大街上各种各样的商店成为社会环境中相当重要和显眼的部分，而且人们作为消费者在社会生活中扮演着愈来愈重要的角色，同时，以消费为基础的符号文化明显成为今天的主导文化。80 年代后，随着后现代主义对生产主义研究取向的批判和对文化的重视，消费作为一种将文化关切引入人文社会学科研究的方法论取向，逐渐从生产领域中独立出来，成为重要的研究课题。90 年代之后，关于消费的空间研究进入全盛时期，地理学的重点核心期刊《环境与计划 A》(*Environment and Planning A*) 和《城市研究》(*Urban Studies*)，都分别在 1996 年和 1998 年以消费为专题出刊，说明了消费空间研究的重要性，甚至，有学者认为人文地理学中有关消费的研究已经成为社会人文学科研究的最前沿[1]。

---

① P Jackson and B Holbrook. "Multiple Meanings: Shopping and the Cultural Politics of Identity" in Environment and Planning A, 1995, 27, pp.1913-1930.

目前消费空间研究关注的一系列社会文化议题涉及消费的方方面面，是一个多元化的、多重典范的、松散的研究领域。总的来说，包括零售空间与地点、都市消费景观、全球化与大众消费研究、生产—消费链研究和消费行为研究五个方面的议题。

零售空间与地点的研究包括销售空间、非正式消费空间和家庭空间三类，主要分析商品如何在特定空间中，与不同种类的社会活动相互交织所产生的作用、商品的意义和行为模式，其中认同与消费是受到最多关注的主题。

都市消费景观研究主要分析消费在都市发展过程中所扮演的重要角色。费瑟斯通（Mike Featherstone）在《后现代主义与消费文化》（*Consumer Culture and Postrmodernism*）一文中认为，消费已成为都市发展策略的核心，左右着都市的历史保存、综合规划、城市面貌、文化定位以及经济收入等，使当代都市呈现出一种以后现代建筑美学为基础的消费图景。对都市消费景观的分析主要有两种：一种是从空间商品化的观点来看待，将重点放在资本与经济力量如何透过消费文化操作将空间商品化；另一种是借用布尔迪厄（Pierre Bourdieu）的理论，把都市消费景观视为各类群体和阶级将经济资本和文化资本互为转化时所运用的符号手段。

全球化与大众消费文化的研究主要关注商品和商品意义如何在全球尺度上循环，并由此创造的全球化消费市场。这一类研究中主要有三类主题：第一类是关于消费究竟是一种均质化还是地方性的社会活动的辩论。前者强调大众消费与全球商品流动对社会与空间的均质化冲击，会导致地方文化的破坏；后者则认为全球化的商品生产不应该是一种本质上的均质化生产、分配与消费的逻辑，消费文化使产品的许多美学特征不断创新，并通过全球扩张与地方区隔的市场，将规模经济与范畴经济加以连接，换言之，这不是一个纯粹大量标准生产商品的市场，而是一个依靠地方特殊性而有弹性变化的商品世界。第二类是对商品全球化过程中"他者"形象的研究。莱斯特（B.Lester）认为，商品销售利用一个国际上熟知的形象使"他者"商品化，从而在销售商品的同时，把相应的生活方式也纳入商品中，通过建立第一世界的"我们"和创造遥远的

"他者"来完成，其作用是强化了一个虚构的地理环境，赋予商品某种特质，让人们通过购买商品实现梦想。第三类是对时尚与传统的研究。研究认为，时尚和传统是相对的，并且是可以相互转化的，传统的商品带来怀旧的情绪，对日益碎片化的世界有着强烈的吸引力，"原始"和"历史"不再是文明前的生活体验，而是被当作形象物体加以利用。结果各种各样的传统被重新包装、重新买卖，对它们的消费是共时而不是历时的，在全球化的文化市场中，各种各样的文化产品是同时存在的，我们面对的是由各类文化和历史拼凑而成的世界①。

随着商品全球化的分布与连接，生产与消费链愈来愈长、愈来愈复杂，商品的生产—消费网络也愈来愈受到重视。商品链的研究要归功于本（Ben Fine）对供应系统的研究，他认为特定的商品链将生产、销售、消费和这些要素周围的物质文化连接起来。这一类研究主要有两大主题，一是商品与其生产和消费之间的关系和方式；二是赋予商品以意义的话语和内涵。生产—消费链研究在社会与空间上将消费与生产连接，追寻生产与消费系统的劳动力实践与社会关系的再生产。认为在消费节点上，商品生产社会性建构意义；在生产节点上，则生产社会、空间与社会关系的再生产，透过商品链，许多隐藏在商品符号之下的地方关系被连接到全球系统中。

如今的研究确信当代的消费行为很少是一种未经任何思考的商品物质交换。相反，它是一种有意识的社会活动。近十年来，对消费行为的研究存在很大分歧，不同学派的学者持不同的意见，一直处于马克思主义地理学、后现代意向地理学、新零售地理学三大阵营的争执状态中。对马克思主义地理学家来说，商品的生产具有支配性地位，消费是资本主义操作文化的工具，消费行动只不过是一种以"消费者主权"为掩饰的伪意识。虽然在进入后现代社会后，消费文化成为身份认同的重要机制，透过消费商品与生活风格的呈现，消费者建构出属于自己的生活空间与外在形象，但这正是资本主义商品运作逻辑的陷阱，消费文化通过商品的符号化和审美

---

① [英]迈克·克朗：《文化地理学》，杨淑华、宋慧敏译，南京：南京大学出版社2005年版，第125-127页。

化让消费者进入永无止境的消费循环当中。后现代意向地理学者认为当前社会已经进入一个全新的时代，这是一个由符号来支配主体的超现实时代，人们不是因为需求而消费，而是因为商品的符号意义，人们消费的是意义与符号而非商品与服务本身，物质空间实体是隐喻性的，被不断转换的、断裂的、异质的、短暂的空间概念所取代，只能透过符码或文本分析来加以辨别。新零售地理学家将消费空间视为意义生产与认同建构的关键，将消费视为一种社会过程，认为商品不是自由波动的，而是以一种可辨识的方式和社会关系相连接。消费行为具有能动性，人们透过消费过程以及对于商品的利用建构自我。

作为消费地点的家庭空间和作为消费品的住宅，是消费空间研究的主要对象之一。事实上，在 20 世纪 70 年代和 80 年代初期，地理学研究中大部分关于消费的兴趣，都只集中于住宅这一种商品之上。而在当前阶段，很多研究把重心集中于商品在日常家庭生活当中的使用方式上，以及它们的使用对传统消费模式、对家庭成员关系的影响。此外，随着互联网的出现和普及，网上购物这种新的消费方式使家庭成为一个购物空间，对这种现象的研究也成为热点。

住房价格、质量、形态和位置的差异性决定了住房是一种不均衡分布的空间资源，因此关于家庭住宅空间的研究，主要是对住房消费与社会不平等之相关性的研究，大致可分为三个类别：第一类是将住宅视为社会分化的空间结果，住房的现实情况被看作社会差异的空间反映，人们住在哪里决定着他们是谁。通常情况下，住宅根据需要和购买能力来获得，其中，财富和收入因素是重要决定因子。随着对文化议题的关注，研究者发现，住宅消费及其导致的空间分布结构并非由经济收入这单一因素所决定，还有很多经济考量无法解释的文化因素，比如性别、种族、传统习俗、教育背景、身份认同以及由此而来的生活习惯、生活方式的选择等。一方面，住宅消费内藏于更深广的社会组织结构之中，由社会结构和生产关系所决定；而另一方面，住宅隔离和分化更加强化了空间组织中的性别、种族、地位上的不平等。比如，瓦特森（S.Watson）1988 年在《居住空间的不平等：性别与住房》（*Accommodating Inequality: Gender and Housing*）中的研究揭示了英国和澳大利亚住房体系如何反映和巩固了社会中的父权家长制特质，排挤和边缘化了非传统家庭形式的住户。汉德森（J. Handerson）和卡恩（V. Karn）1987 年在《种族、阶级与居住地位》（*Race, Class and State Housing*）中指出，白种人家庭与非裔人家庭之间持续的高度居住隔离现象，无法仅从收入差异和住宅成本来解释。在英国公共住宅分配中，"种族"歧视导致较好的住房分配给白种申请者，较差的住房分配给黑人申请者。[①]

第二类从住房拥有者对住房的现实占有情况来分析，认为不能把住宅仅仅视为社会分配的空间结果。人们住在哪里不只是他们是谁的消极产物，住房还是一种资源和权利，部分决定了住户的财产、地位和可以得到的服务，决定了他们可以做什么、能够成为什么人。由于住宅市场的分化，不同区域的住宅有着不同的价格和增值的潜力，高收入者通过住房投资增加个人财富，提高社会地位，低收入者将有限收入的大部分投入需要高额付出的住房消费上，不但使空间不平等愈发严重，而且使住宅与工作、社区服务、社会支持等的空间分布的不均衡密切关联。因此，住房空间的不平等一方面确保了住宅拥有者的权利和利益，一方面不断强化有产者和无家可归者之间的鸿沟。例如，史密斯（Susan Smith）1986 年的犯罪地理学研究《犯罪、空间与社会》（*Crime, Space and Society*）中发现，贫民窟的犯罪率远远高于高档社区；鲍尔（S. Power）1987 的研究表明，社会排斥功能附加给了空间，低端住户和高端住户在医疗服务、警察服务、购物设施、教育和休闲设施上差距很大；桑德斯（P. Saunders）在 1986 年发表的《社会理论与城市问题》（*Social Theory and the Urban Question*）中揭示，自购商品房的人和依靠政府安排福利房的人在社会地位、住房条件、服务设施方面都有很大差异[②]。

第三类认为住宅不仅反映，而且还塑造了社会差异和不平等，住宅消费与社会组织结构相对应，由社会结构和生产关系所决定。因此，对住宅的政策干预可以影响住房的生产与消费，进而成为影响社会结构的关键因

---

① R Jackson and Derek Gregory(ds). The Dictionary of Human Geography. Oxford: Basil Blackwell, 2000, pp346-349.

② ［英］R. J. 约翰斯顿：《人文地理学词典》，柴彦威等译，北京：商务印书馆，2005 年，第 296-297 页。

素。这类住房政策研究大致分为四个方面：① 把住房干预作为宏观经济政策的一个工具，通过对住宅市场、金融利率以及税收的干预，通过国家住房补贴、发展公共住房等政策来控制或刺激住房消费，达到或积极或消极的影响全国和地方经济的目的。迪肯斯（P. Dickens）等人在 1985 年的《住房，状况和地区》（Housing，States and Localities）中，探讨了北美、欧洲和澳大利亚的住房政策的实施怎样使上述地区形成了商业化、非商业化和重新商业化的循环。② 把住房政策作为振兴经济、发展城市的工具，尤其是在旧城改造和清除贫民窟方面被普遍采用。陶布（P. R. Taub）等人在 1984 年的《社区改变的路径》（Paths of Neighbourhood Change）中，分析了影响城市地区变化的几种住房政策。在某些地区，政策被设计成既能解决和改善老城区设施，又不损害其原有的历史风貌和社会组织结构；而有的地区，财政资助配合"绅士化"过程就能启动社会—经济变迁；但是在另一些地区，政策对资金和人口的外流毫无影响力。①③ 住房政策起着提高社会福利的作用，因此可以被视为社会政策要素。在这个领域里，政府起着中心的作用，主要通过住房分配供应制度来协调不平等状况。④ 有关环境保护的政策，主要是对低密度、郊区化住宅浪费土地资源、依赖汽车、污染环境等问题的研究。

上述关于住房消费的空间研究可以说在研究内容上包罗万象，研究理论上风格各异，与传统研究相比，呈现以下特点：

第一，问题导向性。

当前阶段，住房消费空间研究不再追寻具有普适性的、客观性的空间规律，而是转向关心世俗的、日常生活的微观世界，关注更为复杂的社会文化现象，关注消费与权力及不平等社会结构间的关系，社会化趋势日益明显。这是因为今天的社会形态使人们的生活、认同感以及自我观念不再以生产性的工作为核心，消费成为后现代情境中影响主体性建构的主要因素。消费越来越与空间和地方整合相联系，空间不只是一个被动的背景，而且介入社会生产及其结构的建构中。空间和地方被视为是消费认同的重

---

① ［英］R. J. 约翰斯顿：《人文地理学词典》，柴彦威等译，北京：商务印书馆，2005 年，第 297-298 页。

要因素，必须通过许多不同种类的社会关系（如性别、亲属关系、种族、年龄、地域等）来考量消费空间及其运作机制。因此，对性别、种族、弱势群体等各种社会公平问题的关注以及对话语权、权力空间、身份建构、文化意义等各种论题的探讨成为主流研究范畴。从数量统计上看，以西方人文地理学的重点核心期刊《人类地理进程》（*Progress in Human Geography*）1977—2004 年的文献为例，1977—1989 年该期刊涉及广义社会地理和狭义社会地理的文章分别占 12.87% 和 9.94%，而 1990—2004 年的比例是 38.94% 和 33.19%。可见 20 世纪 90 年代以后，对社会问题的研究在西方人文地理学科体系中处于核心与主导地位①。

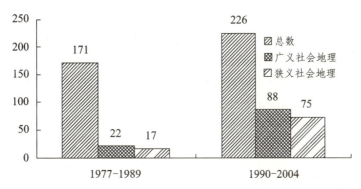

图 1-1　《人类地理进程》1977—2004 年相关文献构成

第二，主题多样性。

人类当前面临人口、资源、环境等重大问题的困扰，给住房消费空间研究提供了广阔的舞台，使其在区域规划、城市建设、环境保护、能源开发、居民住房、零售业分布、种族与民族问题、社会贫困与犯罪问题、历史保护与经济发展等多个领域发挥了重要作用。空间与文化都是非常复杂的问题，涉及社会生活的各方面。随着全球一体化的发展，世界政治、经济、文化格局的演化和重组进入了一个活跃时期，空间和文化的因果关系变得更为错综复杂，对其研究必须将发生在不同范畴和不同层面上的各种社会过程考虑在内。由于其本身具有庞杂性，加上在发展历程中汲取各种

---

① 姚华松、薛德升、许学强：《1990 年以来西方城市社会地理学研究进展》，载《人文地理》2007 年第 3 期总第 95 期，第 13 页。

思想与流派的理论，住房消费空间的研究成为完全意义上的兼收并蓄的领域，它的各要素之间并不存在一个有机的、密切的相互联系，也没有一个系统的理论和成套的模式，文化研究、社会学、地理学、城市规划、经济学等各种学科都从不同的角度和方法对其进行了深入探讨，研究范围极其广泛，研究理论风格各异，各种新元素新思潮，如国际化、全球化、新区域主义、后女性主义、后结构主义、后现代主义等在研究中都有所反映，充分体现了跨学科的研究特色。

第三，以定性与本位研究为主导。

实证研究一直是国外城市空间研究领域中较为常见的基本方法，传统关于消费者空间行为的研究主要是数字化的定量分析，消费者被简化为数据代码，而消费实践背后的复杂意义却无从探讨。随着空间研究的"文化转向"和文化研究的"空间转向"，空间文化研究的范畴得以深化，引发了对文化空间问题的关注，使对人地关系的文化解读成为学术发展的前沿领域。它的动力本质来源于对人们思想、情感、价值认同所产生的文化意向的关注，即关注文化是如何改变世界、营造空间的，其研究方法论是探讨人们大脑中的"经验的世界"，也可被称为"微观"研究方法论。因此，研究方法上更青睐定性研究，强调以"文化持有者的内部眼界"来看待问题，提倡人类学的民族志研究或者参与式调查。从整体上看，当前的研究方法由定量研究向以定性与本位研究为主导、定性与定量相结合的方法转变。

## （二）国内研究现状

我国城市空间文化研究的文献并不丰富，就笔者收集的资料来看，有译著 32 部、专著 12 部、文集 3 部、期刊论文 27 篇、学位论文 13 篇（参见参考文献），而从消费文化角度对中国城市住宅问题进行专题研究的目前仅有专著 2 部、期刊论文 2 篇、硕士学位论文 2 篇。就城市空间文化研究来说，国内情况大致如下：

首先，国内目前的研究工作主要是对国外理论著作的译介、学习和评价。西方学界的研究对于国内学界而言，可以说是思想理论和方法论上都难以忽略的双重资源。与世界接轨、对话是提升我国学术水平的重要一环，只有具有国际的学术视野，才能有真正的学术创新，引进和翻译国外的经典论著对提高我国学术水平意义深远。20 世纪 90 年代以来，尤其是最近十几年，国内在学术著作的翻译和出版方面取得了显著的成绩，出版了大量在西方学界受到好评的经典之作，如《地理学与地理学家》是一部人文地理学的权威著作，阐述了 1945 年以来英美人文地理学的发展史。《人文地理学词典》更是一经出版就好评如潮，大多数欧美人文地理教学大纲都推荐这本词典。而《人文地理：文化、社会与空间》是公认的经典，目前已经出版到第 8 版，是美国最流行的 5 本导论性教材之一。①

但与此同时，我国的出版翻译工作也存在很多问题。一是相关译著出版较滞后，大多译著都是在原著出版多年以后才出版，两者之间相差短则几年，长则几十年。例如《德国南部中心地原理》最初出版于 1933 年，中文版 1999 年才出版，时差长达 65 年；爱德华·索亚的《后现代地理学》英文版 1991 年，中文版 2004 年，相差 13 年；哈维的《后现代状况》英文版 1990 年，中文版 2003 年，也相差了 13 年；列斐弗尔的《空间的生产》是非常重要的作品，标志着人文社会学科的空间转向，最初出版于 1974 年，而中文译本至今没有，大大地延迟了我们对世界学术理论的学习和了解。二是译著的学科分布不均衡，难以反映国际学术精彩纷呈的全貌，从已经出版的译著来看，哲学、思想史、经济地理学、城市地理学方面较多，文化地理学、社会地理学、消费地理学这些西方热门的分支学科很少，与西方的研究现状相成反相关。②

其次，由于消费空间文化研究在国外也是近十几年来才得到重视和发展的，该领域在我国尚处于起步阶段，理论性和应用性建设都很薄弱，远未形成一个具有中国特色的、比较完备的理论体系，与西方学界还有相当的差距。以笔者搜索到的期刊论文为例，资料来源于国内空间地理研究的所有核心期刊，包括《地理学报》《人文地理》《城市规划》以及文化研究

① 汤茂林、柴彦威：《改革开放以来我国人文地理学译著出版的特征、问题与建议》，载《人文地理》2007 年第 3 期总第 95 期，第 126 页。
② 汤茂林、柴彦威：《改革开放以来我国人文地理学译著出版的特征、问题与建议》，载《人文地理》2007 年第 3 期总第 95 期，第 127 页。

类的所有综合核心期刊，仅有相关文章34篇，其中最早介绍文化地理学理论与研究的是2000年唐晓峰在《人文地理学》上发表的《文化转向与后现代主义地理学家——约翰斯顿〈地理学与地理学家〉新版第八章述要》，之后周尚意于2004年发表的《英美文化研究与新文化地理学》，李蕾蕾2005年发表的《当代西方"新文化地理学"知识谱系引论》，都是短篇的介绍性文章。在实践性研究方面，国内的学术成果就更加缺乏，虽然以消费文化为表征的全球化空间问题已引起中国学界的关注，但对我国现状进行文本分析和现实研究的还非常少。笔者收集的期刊文章中，有以下8篇：陈璐2005年6月在《人文地理》发表的《基于女性主义视角的城市住房与住区问题初探——以南京市为例》；陈零极、柴彦威2006年在《人文地理》发表的《上海市民大型超市购物行为特征研究》；戴晓晖2007年在《城市规划学刊》发表的《中产阶层化——城市社会空间重构进程》；高小康2014年《大数据时代下的消费文化与空间冲突》；张军2016年发表的《论城市空间生产中的空间隔离》；杜培培2019年发表的《空间重构视域下老单位社区变迁及其策略研究》；北京工业大学大栅栏课题组2019年发表的《老旧街区邻里关系的空间转向》；安治民2020年发表的《汽车社会与城市空间规训》，其余21篇都是对国外学术理论的介绍和评价，这与西方当前的研究现状反差较大。

最后，西方空间文化研究注重与相邻学科的融合与交叉，表现出很强的综合性和多元性，关注微观世界和文化议题，形成以定性与本位研究为主导的定性与定量研究相结合的基本方法。我国在研究方法上进展很快，文化研究、人文地理学、城市社会学及城市规划、建筑设计等多种学科对消费文化空间问题都有所关注，已经显示出跨学科的趋向，但与西方相比仍存在较大差距，研究中仍然感觉学科界限分明，综合性不强。一方面，我国人文地理学科的相关研究基本上走的还是一条逻辑实证主义的道路，有泛计量化的倾向，追求"科学化"，忽略了问题的特殊性、唯一性和现实性，也不关注文化的作用与影响，缺乏从人本主义、后现代主义角度对计量方法的自觉反思，对中国目前突出的社会文化问题难以解析和回答。学者白光润认为，造成我国地理学相对落后的重要原因，从根本上讲是地理学的哲学贫困[1]。黄秉维先生更加明确地指出："我国地理学研究对象虽然包括自然和人文，但真正跨学科的综合研究还没有形成。"[2]另一方面，都市空间文化研究作为一门学科在我国才刚刚起步，目前学界的工作主要集中于对国外经典理论的介绍和学习，而将其理论与方法运用于现实生活文本研究的却很少。而且在研究中个人主观感受偏多，客观实证数据分析较少，影响了研究的科学性和合理性，也没有体现出文化研究博采众长的学科优势。上海师范大学刘士林教授认为，当前中国都市空间文化的研究主要有两大话语谱系：一是以经济学、社会学为核心的社会科学研究，主要集中在经济社会发展方面，对都市文化结构及其人文精神层面很少触及；二是以大众文化、审美文化、文化批评为主流的人文学科研究，由于缺乏必要的切入都市社会现实的理论与方法，也不可能完成解释都市现实乃至批判都市存在的任务[3]。

　　中国正在经历的内部经济制度改革和外部全球化与信息化扩张，决定了中国必将经历一系列社会问题，这既为中国城市空间文化研究提供了广阔的平台，也提出了严峻的挑战。理论的客观性是相对的，任何理论都有其局限性和针对性，而中国社会文化的独特性及其城市空间结构的特殊性是欧美模式难以充分解释的，必须结合我国实际情况，在学习借鉴西方各种理论资源的基础上，加强我国现实问题的研究，总结自己的实践经验，才能构建具有中国特色的空间文化研究的理论与方法。这不仅有助于文化研究学科的基础理论建设，也可以在实践意义上为如何在城市化进程中减少问题与矛盾、实现全面的和谐发展，提供理性的方法、观念及解释框架。

## 三、本书的创新与不足

### （一）本书的创新

　　随着经济制度改革的不断深入和对外开放的不断加快，中国城市居

---

[1] 白光润：《地理学的哲学贫困》，载《地理学报》1995年第3期，第280页。
[2] 黄秉维：《地理学综合研究——黄秉维文集》，北京：商务印书馆2003年版，第17页。
[3] 刘士林：《文学：从文化研究到都市文化研究》，载《学术研究》2007年第10期，第120页。

民的住宅空间发生了根本性的变化，由此带来的经济增长以及伴随而来的一系列矛盾和问题都已客观地摆在我们面前。客观上来说，当前的居住空间不仅仅是"经济"问题，更是文化问题和社会问题在空间上的呈现和表征。很多学者都把住房问题简化为经济收入问题，没有深入地看到左右住房消费行为的文化结构和精神层面所发生的嬗变，更无法对当前中国城市空间问题的复杂性和矛盾性给予合理的解释。笔者认为，城市住宅空间的变迁体现了当前中国社会发展中所面临的诸多问题和矛盾，要研究中国居住空间的问题，就必须研究当前的文化境况及其对人们内心产生的影响。本书立足中国现实文化背景，在学习借鉴国外相关研究理论的基础上，展开对中国城市居住空间的实证分析，在以下三个方面有所突破：

第一，消费空间文化研究是近十几年来才得到重视和发展的一门新兴学科，该领域在我国尚处于起步阶段，理论性和应用性建设都很薄弱，尚未形成一个具有中国特色的、比较完备的理论体系。虽然以消费文化为表征的全球化空间问题已引起中国学界的关注，但针对我国现状进行文本分析和现实研究的学术成果还非常欠缺。本书是国内首次将消费文化对城市居住空间的影响作为研究课题的著作，将中国城市居住空间变迁置于消费文化全球化进程的历史背景之下加以观照，深入探讨中国城市居住空间的变迁与重构及其对当前中国整体社会文化的影响，在选题上具有一定的创新性和现实性。

第二，我国城市空间文化研究的学术渊源与西方不同，西方主要隶属于社会学、人类学、地理学等，关注微观世界和文化议题，形成以定性与本位研究为主导的定性与定量研究相结合的基本方法。而我国的都市空间文化研究与文学学科的理论建设发展密切关联，可以说是中国文学研究的"文化学转向"及其成果构成了中国都市空间文化研究的原始发生形态[①]，研究中个人主观感受偏多，客观实证数据分析较少，形成了重理论分析、轻实证研究的方式，影响了研究的客观性和合理性。本书以文化研究、消费

---

① 刘士林：《文学：从文化研究到都市文化研究》，载《学术研究》2007年第10期，第120页。

地理学、城市社会学等相关理论为基础，以大量翔实的数据、实地访谈、问卷调查为第一手资料，以理论分析和实证研究相结合的方法展开研究，运用计算机统计分析软件（SPSS11.5）处理信息，得出结论，以此来检验和印证提出的观点和假设，既避免了机械逻辑实证主义的教条刻板，又避免了感性研究的个人主观臆断，具有客观性和可操作性，在研究方法上有一定的创新。

第三，城市空间文化是非常复杂的，任何理论和研究方式都有其可行性，关键在于研究时所面对的特定历史和文化语境以及研究者选择的视角和立场，因此国外的空间文化研究并没有形成一个系统的理论和成套的模式，各种理论、传统或思想流派在研究中都有所反映，表现出极大的包容性。中国社会文化的独特性及其城市空间结构的特殊性是欧美模式难以充分解释的，而我国空间文化研究大多以马克思主义社会批评理论为基础，对当前我国转型期城市空间中表现出的复杂性、矛盾性和多元性予以单一和片面的批评否定。本书借鉴消费空间地理学研究的三大主流理论，并根据具体研究需要予以合并与改写，试图寻找提炼出一套适合的研究方法，客观合理地解释当前中国住宅中存在的问题和原因，对促进我国文化研究学科本土化发展具有一定的意义和价值。

### （二）存在的问题

本书的撰写中尚存一些问题，具体来说有以下三个方面：

第一，书中跨学科地使用了文化研究、人文地理学、城市社会学的相关研究理论，并根据需要有所修改，这对笔者的学习和应用能力是一次极大的考验。由于笔者学养不足，对各种理论均缺乏系统全面的把握，对理论的借鉴、分析和运用存在流于表面、力度不够的问题。

第二，我国城市空间文化研究采用实证定量的研究方法可供借鉴的文献和案例几乎没有，资料方面的缺陷使笔者在研究过程和研究构思中感到相当的困难。在问卷设计上，国外消费行为研究对问卷题项有严格的规定和系统的论证过程，基本形成了固定的模式。但是中国社会文化的独特性及其城市空间结构的特殊性是欧美模式难以充分解释的，没有可以复制的现成的问卷模式，笔者只能根据国内外相关研究经验，在对住房消费要素进行深入分析的基础上自行计问卷与访谈提纲，从某种程度上来说存在不够严谨的问题。

第三，本书采用理论梳理和实证研究相结合的方法展开论证，但由于对各种相关理论的分析力度不够，使理论阐述和研究对象相脱离，整体结构感觉不够流畅，这需要在以后的工作与研究中加强和改进。

# 第二章　理论基础与研究方法

　　改革开放至今，中国经历的一系列深刻的社会变革，必然带来城市空间的巨大变迁。这无疑给学界提供了广阔的研究空间，同时也在研究理论和实践上提出了新的挑战。当代城市空间是现代文明依托的"物质条件"和"社会基础"，也是我们面对的一个全新的生存与发展空间，它在深刻地改变当代人的社会环境与内心世界的同时，也直接参与了人类个体与社会的再生产过程。因此，产生于其间的社会与文化内容庞杂、层面众多，社会学、地理学、经济学等不同学科都从不同的角度进行了广泛的研究。

　　当代消费主义的空间与地点是连接多样消费的链条，是商品化新阶段的代表和表征，与特殊的社会群体之间有一种共生关系。学者们已经认识到了把消费作为实践进行研究的重要性，把注意力投向了消费的空间模式，特别是消费的社会关系是怎样通过空间场所的组织来构成的。由于本身的庞杂性及其研究的多学科特点，各种思想与流派的理论对此问题有不同的看法，但它们都可以由一个主要问题来贯穿，那就是：消费文化到底是什么？它对当前社会有何影响和作用？在既有的研究理论中，主要有马克思主义政治经济学、后现代符号学和文化社会学三种范式，关于住宅消费空间的各种相关研究大都建立在这三种理论体系之上。这三种研究范式在逻辑上既有替代关系，也有互补之处，关键在于如何发现其深层结构及其不同层面间的有机联系。本章对消费地理学的这三种范式做简要梳理与比较，并在此基础上提炼出一套适合本书研究的分析方法。

## 第一节　理论基础

### 一、理论来源

#### 1. 马克思主义空间地理学

都市空间与文化本质上是社会生产与再生产的结果，在这个意义上，马克思的政治经济学及其社会生产理论为我们提供了重要的借鉴，是认识现代化条件下城市空间文化的一个重要途径。马克思主义空间地理学采取一种"生产主义者"的视角，把消费文化空间和资本主义生产联系在一起，对资本主义消费文化进行深刻的揭露和抨击，代表人物有亨利·列菲弗尔、戴维·哈维、曼纽尔·卡斯特和爱德华·索亚等。

上述学者认为，消费文化其实就是资本主义文化，从历史的角度来看，消费文化的发展就是资本主义体系发展中关键的一环，是后福特主义通过采用新技术和新的组织形式对生产与消费领域的重新调整。西方马克思主义者敏锐地觉察到，资产阶级的统治方式发生了很大的变化，后福特主义在把消费整合进资本再生产的体系的同时，也把沟通和认同整合进来，它彻底改变了传统意义上的生产—消费关系，消费不再仅仅是产品的"实现"，消费还具备了生产性，是一种真实和特有的社会过程，构成了资本主义社会劳动力再生产以及整个资本主义社会体系再生产的一种新形式。消费作为一种意识形态渗透到社会、文化以及整个日常生活领域，在它的作用下，人们认识不到自己所处的被统治状况，相反，他们积极地认同现存的社会现实和制度。在这种情况下，人不再是活生生的独特生命个体，而是变成了单一的原子化个体，这是人类社会的悲剧。

从这个意义上讲，现代商品消费已具有了一种"文化—意识形态"性质，也就是说，消费文化不仅在物质上生产了劳动者，而且还在观念上生产了适合这种生产关系的个人，大工业和金融权力所生产的不仅是商品，更是主体性，是需要、社会关系、肉体和心灵。因此，消费文化—意识形态的意义在于，人们把消费主义的生活方式灌输到意识中，内化为指导一切行动的观念，人的需要沦为商品体系的功能性要素，被归结和压缩为一种对商品的要求，个人已经完全被物化了。这是一种具有强有力的吸收与消除意识的功能的文化形态，它不仅成为新的生产力，而且颠覆原有的社会基础，渗透在人们的日常生活中，行使着对大众的控制与主宰，使人们放弃了对合理性本身的思考，为资本开辟道路。因此，哈维认为消费文化以商品化的意象迷惑人心，掩饰资本积累的真实与最终目的，如果单纯把焦点放在消费本身进行研究，难免就落入了资本主义商品运作逻辑的陷阱，唯有使焦点回归生产，才能找到真正的政治出路。

列菲弗尔在地理学及都市研究领域中的影响力是无人可以企及的，他1974 年出版的《空间的生产》从本体论与认识论角度将空间理论化，标志着人文社会学科的空间转向。列菲弗尔的空间理论中最富有创造性的贡献，是提出了"社会空间"的概念。列菲弗尔认为空间与社会生产是辩证统一的，空间是社会系统各要素的扩延和伸展，社会空间本质是人的社会关系、人的活动的社会结构，其本身就是一种社会生产模式，在社会再生产的延续中起到决定性作用。在列菲弗尔看来，生产方式的改变，甚至社会的改变，仰仗的都是空间的改变，社会形态的变化必定带来空间性质的变化，从一个生产方式到另一个生产方式的转变必然伴随着一个新空间的产生。所以，资本主义得以存活至今的根源在于空间的生产，资本主义的生存建基于对一种包容性、工具性和从社会角度加以神秘化的空间性的建立，这种空间性隐匿于幻想和意识形态厚厚的面纱中，资本主义与其他类型空间生产模式的不同之处，就在于凭借对同质化、分离化、等级化的同步倾向来生产和再生产地理的不平衡发展，这种既联系又矛盾的空间正是生产关系再生产得以实现的基础①。因此，空间的重组是战后资本主义发展以及全球化进程中的一个核心问题。事实上，对于空间的征服与整合，已经成为消费主义赖以维持的主要手段。消费主义的逻辑成为社会运用空间的逻辑，成为日常生活的逻辑，控制生产的群体也控制着空间，进而控制着社会关系的再生产。社会空间被消费主义所占据，被分段，被降为同质，被

---

① [美]爱德华·索亚：《后现代地理学：重申批判社会理论中的空间》，北京：商务印书馆2004 年版，第 77 页。

分成碎片，成为权力的活动中心①。列菲弗尔的这些思想，可视为"空间转向"的理论来源，直接启发了爱德华·索亚的"第三空间"理论。

索亚提出的"第三空间"理论，是在列菲弗尔、福柯、吉登斯和詹姆逊等人的理论基础之上，倡导以一种批判性空间的视角，重新思考空间、时间和社会存在的辩证关系，它"源于对第一空间——第二空间二元论的肯定性解构和启发性重构"②，把空间的物质维度和精神维度包括在内的同时，又超越了两种空间，呈现出极大的开放性。索亚的"第三空间"理论和城市规划研究，主要探讨以洛杉矶为范例的当代后大都市在全球化浪潮中，如何被整合、分解、重建。索亚认为，对资本主义的历史地理需要有一种更加深刻的建构，其途径就是分析城市构型的演化、区域不平衡发展带来的各种景观，以及国际空间劳动分工的重新布局。作为后现代主义的实验场地，洛杉矶打破了城市固有的可读性和规律性，城市的一切传统规则受到严峻挑战，一方面是去工业化的趋势，特别是手工业、服务业、高科技、多样化生产的中小型公司层出不穷，汇成了后福特主义工业重建的浪潮。另一方面，伴随着洛杉矶的经济膨胀和城市化的加速进程，出现了日益严重的社会和经济两极分化，形成了拥有大量人口的底层社会，靠公共福利、兼职工作和与日俱增的非正式或地下经济提供的机会来维持生计，引发了一系列的社会问题。洛杉矶的地理重建和国际化转型，对于全球范围的城市在现代性和后现代性交叉图景中如何规划发展具有普遍意义。③城市分析的那些既成学派在这里不再具有任何意义，索亚正是在这一背景下，以广阔的学术视野和跨学科的研究方法描绘了城市重构的政治经济学图景，反映了当代消费主义文化的地理景观，展现了一幅具体的区域地理图，借以显示后福特资本主义新体系的崛起。

牛津大学地理学家戴维·哈维精妙地在马克思主义方法与后现代文化研究方法之间搭建了桥梁。在《城市与社会公正》一书中，哈维阐明了当代地理学家走过的知识与政治旅程：在 20 世纪 70 年代，美国的种族冲突

---

① 包亚明：《现代性与空间的生产》，上海：上海教育出版社 2003 年版，前言第 10 页。
② Edward W Soja. Third Space. Oxford: Blackwell, 1996, pp.81.
③ 陆扬、王毅：《文化研究导论》，上海：复旦大学出版社 2006 年版，第 364-365 页。

和越南战争使地理学家、政治学家、社会学家和城市规划学者变得激进化了，重新在马克思那里找到了批判的理论基础，由此建立起关于自由主义和正义地理学理论的经典性哲学表述。但是到了90年代后，则日益转向后现代文化研究的方法。因为最近20年间，任何一座大城市都陷入文化冲突和文化转变的旋涡，城市成为充满诱惑的消费之地，只有使用后现代观念和后现代方法的全部工具，尝试去"解构"城市这块巨大屏幕上看似相互分离的图像，才能够剖析和洞见多种话语的断裂与共存。

在《后现代状况》一书中，哈维指出时间和空间概念都是由社会再生产的物质实践活动所赋予的。资本主义以一种革命性的生产方式对时间、空间以及日常生活秩序产生了巨大的影响。在资本主义社会里，对空间和时间的控制在追求利润中是一个关键性的要素。世界经济在不同空间地理中的冲突把资本主义推进到不平衡的地理发展的结构之中，资本主义通过空间转移解决了过度积累的问题，这种过度积累在空间上的修复，伴随着政治美学化和新空间的生产，使当今社会中的审美判断成为政治、社会和经济行动的一部分。空间实践优先于时间，成为社会行动的核心，对空间的支配成为日常生活中一种根本的和普遍的社会力量资源，反映了强势群体如何通过合法的或非法的手段支配空间结构和生产，以便更大限度地控制社会整体。书中，哈维明确提出社会空间统一化概念，认为人类生活中空间性、历史性和社会性是相互交织的，只有在空间、实践、社会这三个彼此包含的面向上，才能描绘出现代性和后现代性的脉络化，才能解决现代城市中社会和空间冲突的种种难题。

美国著名社会学家卡斯特从全球化视角着手，针对高科技对社会经济的冲击、资本主义的技术经济再结构过程和都市与区域发展，以及发展中国家的新阶段等课题进行研究。卡斯特将当前的社会结构概念化为"网络社会"，认为20世纪90年代以后，令人瞩目的社会发展的主要特征是信息化、全球化与网络化，这是一个开放而多边的网络系统，是一种多重面向的虚拟文化，它以全球经济和信息技术为力量，彻底动摇了以固定空间领域为基础的民族国家或所有组织的既有形式。信息技术的发展推动了生产力的高速发展，也产生了弹性化的工作方式和不稳定的生产关系。信息技术催生了网络社会的崛起，它不但显示了网络组织的重要性和劳动个人化的趋势，而且也转化了时间与空间。当前，信息网络化的流动空间正在转化地方空间，这是一个充满竞争的社会政治过程，一方面，全球化改变了国际经济合作与发展组织的国家和社会关系；另一方面，民族国家在全球化过程中历史地转化，但并不会消亡，信息技术范型和社会认同力量共同构成新社会的基本张力。地理与文化的日益分化加快了全球经济竞争，全世界有价值的区域整编为一个相互依赖的系统，城市空间变成了表演的舞台和消费的场所。在此背景下，不平等的发展更加凸显，信息革命释放出巨大生产力量的同时，人类悲惨的生存命运的黑洞也愈加巩固。

卡斯特早年深受阿尔都塞的影响，后在世界性的社会运动所造成的历史转化与理论反省之下，对以芝加哥学派为代表的美国主流都市社会学进行了认识论批评，引发了都市社会学的范型转移，至此，马克思主义政治经济学成为美国空间和都市社会学的理论经典。在马克思主义政治经济学派内部，卡斯特认为，列菲弗尔的空间理论过于强调人文的因素，而忽略了技术问题，无法解释在当前信息社会的虚拟空间的语境中社会关系如何建构。卡斯特推崇麦克卢汉"媒介即信息"的名言，强调社会物质的基础，认为技术力量的革新和信息网络的推广，才是导致今天社会问题的关键，是资本主义模式转化的积极力量。在《都市问题》一书中，卡斯特认为列菲弗尔的空间理论是一个乌托邦，割裂了"城市"（the city）和"都市"（the urban）之间的因果关系。他尤其不满列菲弗尔将生产方式和阶级斗争撇在一边来谈空间，认为列菲弗尔是把人的因素高架在生产关系之上，有本末倒置、偏离马克思主义基本路线的倾向。

城市作为一种居民聚落或社区，大部分土地和建筑物由住房构成。住房是城市居民最重要的生活条件之一，反映了人们的生活质量和文明程度，因此住房问题很早以前就是一个备受学者关注的社会和学术对象。马克思主义地理学理论中最早关注住房问题的是恩格斯，他1872年到1873年初写成的有关住宅问题的三篇文章（后集结成《论住宅问题》一书）主要是针对如何解决住房问题同社会改良主义者进行的辩论，深刻地揭示了近代资本主义工业化时期城市和住宅问题的症结。恩格斯以英国曼彻斯特为例，从土地的级差地价和低收入住宅的无利可图来分析当时住宅短缺的原因，认为级差地价决定了投资利润，所以开发商和金融资本家千方百计地通过置换、收购和重新开发获取利润。在这个过程中，市中心的低收入工人住宅被拆除、排挤到市郊，代之以商业用房、公共建筑和昂贵的住宅，造成90%以上的居民没有自己的住房。恩格斯深刻地指出："这种住宅短缺不是现代特有的现象，它甚至也不是与现代无产阶级遭受的一种和以前一切被压迫阶级的痛苦不同的特有的痛苦。相反，它几乎是同等地伤害到一切时代的一切被压迫阶级。"①因此，恩格斯批判了改良主义者建议低收入者按年付房款成为住宅的拥有者的做法，认为住房问题只能通过激进的经济和社会改革来解决，只有推翻资本主义生产方式，消除一切剥削，才能改变住宅缺乏的现象。

社会阶级差异与空间地点差异之间存在何种联系，这是西方马克思主义地理学家十分感兴趣的课题之一。哈维在《资本主义社会的阶级结构和居住差异理论》一文中作了精辟的分析，认为居住差别是社会分层的一种重要力量，导致人们的价值观念和社会不平等在马赛克式的城市空间中得以生产和再生产。哈维指出，城市化进程加速了城市人口的集中，增加了社会差异，导致了社会结构的持续分化。住宅是人们生活、工作和教育的基本场所，是人们形成价值观、消费习惯、竞争能力、生活习惯和文化意识的重要社会背景，是导致社会层次分异的重要主观条件。一方面，不同居住区的教育资源的质量配置不同；另一方面，对待教育的态度和价值观不同，影响了对教育的消费。这强化了在相对固定的居住分异结构中出现了相对固定的社会群体的趋势，一旦这种趋势转化成一种社区意识，就会成为行动的出发点和社会冲突的来源。哈维认为，政府和金融机构所支持的开发商、地产经济人的活动对城市建筑环境和居住分异的产生发挥了显著的作用，实际上是劳资关系在消费领域内的一种体现，虽然居住分异与个人种族、文化等偏好或背景有关，但个人在资本主义生产力量的作用下是无能为力的，除了遵从，别无选择。②

---

① 恩格斯：《论住宅问题》，载《马克思恩格斯选集》，北京：人民出版社 1972 年版，第 459 页。
② David Harvey. The Urbanization of Capital. Oxford: Basil Blackwell Ltd, 1985, pp.123.

1967 年，英国学者雷克斯（J. Rex）和穆尔（R. Moore）提出"住房阶级"理论，根据住房占有权情况把人们分为六个阶级：完全拥有整个住房产权；拥有分期付款住房；租用公共住房；租用私人住房；拥有通过贷款购买的住房但被迫出租房间以偿还债务；租用一套住房中的部分房间等。雷克斯和穆尔认为，"住房阶级"并不能脱离整个生产关系和社会阶级结构而独立存在，但它在一定程度上反映了城市住房在社会分层和社会化中的重要作用。①

对于住宅的问题，奥素尔（R. Althusser）和巴里巴（L. Balibal）认为空间组织的结构既不独立于自身的组织和演化规律，也不会是社会阶级结构的简单表达。相反，通过生产关系的空间结构和社会结构表征可以辩证地定义一般生产关系组织之间的相互关系，即确定社会空间的同一性，"生产关系的结构决定位置和功能"，即生产机构和生产对象被综合于关系、位置和功能分布的特殊结构之中。因此，空间结构与社会结构以及与阶级（层）冲突和结构转化都具同源性，并且辩证地交互作用和不可分离。这种同源性结构存在于空间生产组织的分化—中心结构中，是一种地理的非均质分布，是导致城市居住空间分异的一个重要因素。

马克思主义地理学理论为住宅消费文化的研究提供了一个认识论的框架，但是，它忽略了消费者在塑造当代消费文化中的积极性和能动性。杰克逊（P. Jackson）和霍布鲁克（B. Holbrook）1995 年在《环境与计划》杂志上发表《购物与政治文化认同的多重含义》（*Shopping and the Cultural Politics of Identity*）中指出，马克思主义地理学的分析和研究中将复杂与分化的消费过程简化为短暂而孤立的购买行为，以一种匿名大众社会的角度来看待消费，经常直接假定阅听人的解读，而非经验性的调查，完全剥夺了消费者的能动性，很少去讨论人们在消费的时候到底是在做些什么、想些什么，导致一种精英主义的悲观立场。

## 2. 后现代意象地理学

后现代意象地理学的理论基础来源于法国著名思想家让·鲍德里亚

---

① J Rex and R Moore.Race, Communitv and Conflict: A Study of Sparkbrook.London: Oxford University Press, 1967.

（Jean Baudrillard）的符号学的理论和方法，采取一种"消费主义者"的视角，从消费的角度把握当代社会的某些特质，把各种消费物品都作为意义的符号和载体来研究，把消费的物和消费行为本身都作为"文本"来解读，将焦点放在介于客体与主体之间的"意象空间"之上。鲍德里亚声称社会已经进入一个新时代，这是一个由符号来支配的超现实时代，人们被无处不在的服务和消费所包围，构成了人类环境的根本变化。人们消费的不是需求，而是意象或符码，商品的物理性存在被消解，成为一种拟像。在后现代意向地理学中，空间的几何学、物质决定都退居为背景，实体是隐喻性的，只能透过论述、符码或文本来加以解读。

索绪尔的结构语言学为符号分析提供了基本的理论模式，而最先把符号学引入消费文化研究的是罗兰·巴特。在《神话：大众文化诠释》一书中，巴特对日常消费文化进行了符号学的解读，他认为大众文化制造的所谓"神话"，就是把原本属于文化范畴的东西转变成为商品明示的、确定的和自然的属性。①鲍德里亚从符号学的角度对消费文化进行了前所未有的深入思考，并将消费文化理论化。鲍德里亚发现第二次世界大战以后，商品的地位和性质发生了巨大的变化，社会生活的组织与支配原则已主要不是生产，而是由消费所主宰的意义、观念等文化系统。马克思主义的理论已经不能够充分地解释这一现象，只有借助符号学理论展开"结构分析"的解读，才能厘清今天以商品符号为主要特征的现代消费社会的发展。于是，鲍德里亚把符号学与政治经济学批判结合在一起，提出了著名的消费文化理论，在相当程度上已成为批判、理解消费社会的思想基础。美国学者道格拉斯·凯尔纳认为，鲍德里亚是迄今为止立场最为鲜明的后现代思想家，是后现代的守护神，他给后现代场景注入了理论活力的汹涌巨浪，是新的后现代性的超级理论家，是新纪元的高级牧师，他的理论深刻地影响了文化理论以及有关当代媒体、艺术和社会的话语。②

---

① [法]罗兰·巴特：《神话：大众文化诠释》，许蔷蔷、许绮玲译，上海：上海人民出版社1999年版，第24页。

② [美]道格拉斯·凯尔纳：《后现代理论，批判性的质疑》，张志斌译，北京：中央编译出版社2001年版，第143页。

鲍德里亚的消费文化理论体系主要从三个方面展开，首先是价值的符号化。鲍德里亚在马克思主义理论基础之上，提出了符号价值的概念。在他看来，商品不但具有使用价值和交换价值，而且具有符号价值。使用价值代表了商品的效用，交换价值代表了商品的等价关系，符号价值则代表了商品之间的差异，商品的交换价值和使用价值对应于符号的能指和所指，即交换价值/使用价值＝能指/所指。在生产力卓越的今天，商品的丰富化和同质化无极限增长，导致的结果是"物"不再是因其物质性而被"消费"的，而是因其同其他物的差异性而被"消费"的。商品原有的"自然"使用价值消失了，原先那种能指与所指之间的对应关系消解了，被结构化成一种代码、一种符号。也就是说，商品的符号价值就是一种差异的生产，一种差异的等级体系的生产。因此，现代消费社会的本质，即在差异的建构。在当今这个大众消费的时代，与其说消费的是商品，不如说消费的是这些无所不在的符号。人们所消费的，不是商品的物质性，而是差异性；不是物，而是关系本身。

　　其次是人与物关系的符号化。商品被用于标示权力、地位、等级等社会关系内涵，并在此基础上建构起新型的社会关系和身份等级。在这一过程里，人的内在性和主体性被分解转换到符号系统中，人的"需要、感情、文化、知识、人自身所有的力量都在生产体制中被整合为商品，物化为生产力，以便被出售。同样，今天所有的欲望、计划、要求，所有的激情和所有的关系都抽象化或物化为符号和物品，以便被购买和消费"①。因此，在鲍德里亚看来，"消费既不是一种物质实践，也不是一种富裕的现象学，它既不是依据我们的食物、服饰及驾驶的汽车来界定的，也不是依据形象与信息的视觉与声音实体来界定的，而是通过把所有这些东西组成意义实体来界定的。消费是在具有某种程度连贯性的话语中所呈现的所有物品和信息的真实总体性。因此，有意义的消费乃是一种系统化的符号操作行为"②。在这种操作下，人们被符号体系所异化，没有限制、没有终结地追求象征

① [法]尚·布希亚：《物体系》，林志明译，上海：上海人民出版社2001年版，第224页。
② [美]马克·波斯特：《让·鲍德里亚文选》，转引自罗钢、王中忱《消费文化读本》，北京：中国社会科学出版社2003年版，前言第27页。

性和理想性的消费，贪婪地吞噬一个又一个商品符号。但是被消费的仅仅是理念，是一种在符号差异系统中不断自我指涉并无穷推移的能指的游戏，真实仅仅被指涉——真实是永恒缺席和不在场的，因此，这是一种注定无法完成和实现的幻象。

最后是人与人关系的符号化。仅仅从"物"的角度来分析消费的符号操作显然是不够的。当前的消费社会是新型的社会范型，并非由"物"的单向力量所能决定。如果依附于商品身上的符号价值没有强大的补偿力量的调停，就无法无拘无束地对人们的需求进行形塑。因而，消费社会不仅是一个由符号系统所统治的社会，更重要的是在这个系统中消费活动作为社会分类和区分过程而存在，对整个社会进行着控制和约束。它体现了一种差别次序，即以"物"为符号区分社会等级。"物"作为一种社会身份的符码标示着身份和地位，对"物"的消费已经成为人们自我表达与认同的主要形式与意义来源，成为社会结构和社会秩序及其内在区分的主要基础。只有在这样的前提下，商品的符号意义才能在合法性的社会关系和文化氛围中得以确定，成为社会关系再生产的重要组成部分。于是，被社会学家凡勃伦称为"夸示性消费"的生活方式，成为今天的普遍现象。人们陶醉在人人平等的消费神话面前，人与人之间的阶级区分被模糊了，取而代之的是由消费带来的区分，这正是消费文化的深刻性之所在。

在鲍德里亚的消费文化的符号学分析中，拟像（simulacrum，又译类像、仿像等）是一个关键词，这一术语深刻把握了后现代文化精确复制、逼真模拟客观真实并大批量生产的特征，从根本上颠覆并重新定义了人们的观念。在《象征交换与死亡》一书中，鲍德里亚提出了"拟像三序列"的观点，认为拟像的三个序列与价值规律的变化相匹配，自文艺复兴时期以来依次递进。第一个序列的拟像遵循"自然价值规律"，是从文艺复兴到工业革命"古典"时期的主导模式。这是不破坏自然规律的仿造（counterfeit），只能在原作之外增加"赝品"，与这种复制形式相对应的观点是，形象是一种对基本事实的反映。

第二序列的拟像遵循"市场价值规律"，是工业时代的主导模式。工业革命之后，艺术品采用机械制造的方式复制生产，也就是本雅明所说的"机械复制时代"的艺术生产方式。这种生产方式可以不断地、大批量地复制艺术品。鲍德里亚遵循本雅明的观点，认为机械复制技术改变了产品的地位和原则，产品不再是一个原件的复制品，而成为由更多相同客体构成的系列中的等同成分，这种客体和符号之间的关系不再是原件同仿造品的关系，而是与等同物之间的关系。

第三个序列的拟像遵循"结构价值规律"，是当前时代的主导模式。这种模式的典型就是由电脑所主宰的仿真和数字代码不以客观现实为基础但又极度真实的生产符号和行为过程，它不是在复制真品，而是在生产真品，生产出极度真实但没有本源、没有所指、没有根基的幻象。这是一个新的价值阶段，真实本身已经不存在，仿真和幻象取代了真实，像病毒或"癌细胞"一样不断分裂再生、无限扩展。借用麦克卢汉的"内爆"（implosion）概念，鲍德里亚宣称，在后现代世界里，拟像与真实之间的界限已经内爆，人们从前对"真实"的那种体验以及真实的基础均告消失。在现实世界里不存在超然之物，存在的只是永无止境的增生和扩散的拟像，它大肆涌入我们的日常生活，凸现出前所未有的重要性和影响力。今天所有的事物，从DNA到艾滋病，从信息到娱乐，从政治竞选到民意测验，都遵循着这种模式，私人和公众、内部和外部、媒介和现实之间的界限被夷平了，人们处在一个超政治、超性别、超审美、超真实的差异的终结点上。因此，鲍德里亚宣称表征性主体的时代已经过去了，一个新的经验领域出现了，人们再也不能以时间、空间、因果律等范畴来理解世界了。

鲍德里亚以迪斯尼乐园为例分析当代拟像的"超真实"。鲍德里亚认为，迪斯尼乐园是典型的后现代幻象建构的旅游胜地，在迪斯尼乐园里，到处表演着幻想和各种虚幻事物的游戏：海盗、童话、未来世界等。这样一个纯粹想象出来的世界，在游历者面前模拟了一种现实，它与任何现实都没有必然的和直接的关系，它是它自己的拟像，通过这个想象世界中各种虚幻事物之间的连接，置换和美化了矛盾的现实，凸显了具有魔力的拟像世界对现代人的控制力量。今天，人们的日常世界已被无孔不入的超真实的拟像所遮蔽，意向赋予现实以外观，意象成为世界本身，表征的危机和全盘否定的符号价值为差异和他性的无序敞开大门，模型和符号构造着经验结构，造成了时空观念的整体性变迁。

首次使用"意向"概念来分析消费空间给人们心理带来前所未有的变化的是本雅明。本雅明虽是法兰克福学派中的一员，但他没有采用"生产主义"的阶级的视角对现代社会展开强烈的批判，而是试图通过一系列具有代表性的"辩证意象"（dialectic image）来捕捉资本主义现代性的内在矛盾。在《发达资本主义时代的抒情诗人》一书中，本雅明认为辩证意象是集体的梦幻意象，是一个时代的文化符号体系，既是由经济体系决定的，同时又是这个时代的幻象，这些变化在消费领域中体现得最为明显。在长达 1 000 多页的巨著《拱廊街计划》中，本雅明通过对拱廊街、透景图、世界博览会、中产阶级居室等典型的梦幻场景的寓言式解读来分析资本主义商品世界的本质。在本雅明看来，"拱廊街"是一个"令人着魔的地方"，它为商品营造了一个购物的"神话"环境，成为现代社会新的膜拜仪式、新的膜拜地点。本雅明将这些地方称为"商品拜物教的朝圣之地"。这种带有商品梦幻色彩的空间创造了极具吸引力的"梦幻世界"，奠定了商业大都会的物质空间基础，带来了城市空间意义上的深刻变化，也彻底摧毁了人们的"地方感"，任何人都无法在拱廊街中保持旧有的空间感觉结构。它一方面为人们展示了一个梦幻的世界，使人们获得精神愉悦，从整体上将顾客改造成了一个自由漂浮的消费者；另一方面这种环境是有意构筑起来以鼓励消费者在享受对商店及其景观的全部体验时花费大量时间和金钱，在这种幻境里，人只是作为类型出现的，购物空间提供了一个不归的终极之点。

法国社会学家居伊·德波（Guy Debord）在《景象的社会》中认为当前社会与文化是一个走向总体化的"世界图景"和"世界景观"，是一个"景象的社会"。现代生产条件无所不在，物与商品的符号构成了这个世界的"真实图景"，生活本身成为许多景象的高度聚集的展示，一切存在都转化为表象的景象。它占据了人们生活的空间和时间，具有无上的权力，这绝非偶然或表面，它基本就是景象主义的，其目标就在于自身。①

---

① [法]居伊·德波：《景象的社会》，肖伟胜译，载《文化研究》第 3 辑，北京：中央编译出版社 2003 年版，第 59-66 页。

商品符号需要空间来展示，因而商品空间也符号化了。米歇尔·米勒（Miller Michael）在 1981 年发表的《蚌玛商场》（The Bon Marche）中，认为现代百货商场是最典型的商品空间符号，它的发展是消费主义程式化和理性化的一个具体体现。1840 年至 1860 年间，百货公司作为一种新型的商业模式在欧洲主要城市出现，一大批中产阶级的出现为百货商店提供了客观的市场，而形形色色的百货商店反过来又成为资产阶级价值观和生活方式的物质体现。它迎合和确定布尔乔亚的趣味，是资产阶级的梦幻世界，是欲望与物质、梦想与商业的结合，展示的不仅仅是商品，还有富足的生活方式。正是在现代百货商场这个"消费宫殿"内部，消费者被彻底地贯彻了"金钱面前人人平等"的消费原则，消费者自由进入、自由观看、自由选择，商场成了"平等、自由"的符号和象征之所。同时，现代百货商场充分展示了巨大的物质生产能力及物质的丰腴程度，是现代社会"富裕"的符号和象征，琳琅满目的商品成为一道赏心悦目的景观、形象和符号，逛商场是不出城的旅游、休闲和娱乐，是梦境中的漫游，引发人们的购物热情和快感。所有这些特征通过"符号"使商场获得了文化意义，从而使商场这个商品空间符号化了，成为某种文化意义和社会价值的象征。从这个意义上说，现代消费就是消费这种无处不在的"符号"，符号所代表的象征及寓意，成为当今消费者所追求的目标。

格斯（J. Goss）1999 年在《美国地理学会年鉴》上发表《商品社会：对美国商业街的非官方手册》（Once-upon-a-Time in the Commodity World: An Unofficial Guide to Mall of America），针对美国大型购物空间进行研究。格斯指出，美国购物中心经常以地方特色、时间、空间、自然、原始、儿童等七大主题来安排与设计空间，它是 19 世纪拱廊在尺度上的扩展，是集体的梦幻屋。在那里，真实生活的梦幻被换置在商品上，以空间的、人类学的与心理学的感觉被物化，是乌托邦文化意象的容器。在此一空间的生产机制下，真实生活的集体梦想不是透过政治过程表达出来，而是被商品消费意识形态所控制与扭曲。

这样的消费景观并不只存在于购物中心和百货公司这样特定的空间场所里，住宅对生活方式和文化地位具有特殊的符号展示作用，也成为很多研究的主题。研究者认为，住宅、购物中心、主题公园等消费景观具有相同要素，在西方世界国家已经普及，代表新的消费世界已经来到。波特（Porter）在 1993 年发表的《英国神话》(*Myths of the English*)中认为郊区住宅作为非生产性的"飞地"，与高速公路、私家车联系在一起，共同组成了一个引人注目的景观。作为多数家庭最昂贵的财产，住宅的风格、装饰和维护被赋予了符号和社会的意义。郊区住宅密集排列、整齐划一，建筑外观大同小异，房屋的颜色、草坪的修剪都相当统一，社会生活在这里被戏剧化了，成了像主题公园一样的东西，它赋予住宅独特的传统、节庆、象征等符号意义，借助文化概念来将生活形式与场所融合，使郊区居民成为他们自己的场所的"游客"。

索亚的研究中有明显的后现代意象地理学理论的痕迹，索亚本人也承认深受鲍德里亚的影响。在《后现代地理学》中，索亚认为，后现代大都市是由各种消费符号和消费场景组合而成的、极具象征性的空间。在这里，不断受到仿像调节的社会关系被无情地消费、抛弃、回收、再消费——永无止境。作为文化主体，人们被持续进行的一体化的消费场景所控制，人的内在性和主体性都被空间符码整合、标示、规定。比如，住在郊区的居民的言行要符合郊区住宅空间的"乌托邦"构想："你必须快乐，必须面面俱到，必须有孩子……如果你不慢跑、散步或骑车，人们就会怀疑你是否有糖尿病或其他疾病。"①

后现代意象地理学关于消费的研究强调象征（symbolic）超越实质的重要性，认为消费是日常生活中的象征而非工具性活动，个体消费的是意义与符号而非商品与服务本身，消费图像创造再现的空间，挑战了真实性并消除了原始的需求，人们生存在充满符号的、极具象征性的消费社会里。许多学者对后现代意象地理学的这种观点提出了质疑，葛瑞格森（N. Gregson）在 1995 年的《消费横流》(*And Now It's All Consumption？*)一文中也有类似的不满，认为人文地理学 20 世纪 90 年代关于消费的研究过于倾向意义、认同、再现与意识形态，而忽略了以物质文化为基础，或

---

① [美]爱德华·索亚：《后现代地理学》，北京：商务印书馆 2004 年版，第 131 页。

是与性别、阶级、种族等议题相关的研究。他在《意料之外的神话：探究作为当代消费边缘空间的汽车行李箱拍卖》一文中，以边缘化消费实践的经验研究来证明符号分析的不足，并认为后意向地理学研究看到了物的体系决定人的消费活动，但没有注意到人们在进行消费时，消费心理是非常复杂的，受到各种生理、心理和社会的制约，而不仅仅是为了追求个性化和差异化。这种符号解读的分析方法简化了交换过程，强调消费的均质化作用，严重忽视了消费的文化意义和复杂的经济地理学，这使得后现代地理学家迷失于意象空间当中。

### 3. 新零售地理学

早期零售地理学是纯粹描述性与商业区位的地理研究，一直比较偏向应用，属于新古典主义取向。然而，同时期的文化学家、社会学家以及人类学家都将零售与消费空间视为意义生产与认同建构的关键地点，认为商品的意义与社会实践紧密相连，表征着潜在的社会分野，积极参与着社会秩序的塑造，是社会关系的文化再生产的重要组成部分，因此，对消费文化的分析必须同时是一种社会分析。在这些理论的影响下，20世纪80年代末，马克思主义视角被引入空间经济结构分析，将零售空间作为资本主义体系中的一部分重新理论化，虽然遭受批评，但影响深远，尤其是在英国，对零售空间的组织和重要性的关注，引发了以莱格里（L.Wrigley）和洛依（M. Lowe）为代表的"新零售经济地理学"的出现。①

20世纪90年代后一个重构的零售地理学开始形成。新零售地理学研究受法国著名思想家皮埃尔·布尔迪厄理论的影响很大，既不像一些符号学家把消费文化看作是与社会无涉的、独立自足的符号体系，又不同于庸俗马克思主义者，把消费文化看作既定的社会现实和社会秩序的消极和直接的反映，一方面强调消费与认同及生活方式关联性的研究，一方面通过符号空间和社会空间的结构性关系，以人种志的研究方法来探索消费文化与实践。

---

① Jackson R and Derek Gregory, eds. The Dictionary of Human Geography. Oxford: Basil Blackwell, 2000, pp.713-715.

最早从社会学的角度对消费文化予以关注的是美国社会学家凡勃伦（Thorstein Veblen），他在 1899 年出版的《有闲阶级论》中对 19 世纪末、20 世纪初消费文化在美国的发展予以考察，对各个社会阶层的消费进行了精辟的社会学分析。他发现不同地位和身份的人之所以有不同的消费偏好和不同的审美品位，主要是来源于社会对各阶层所公认的生活水准有不同的判断。所谓生活水准，本质上是一种习惯，是一种习以为常的标准和方式，取决于个人所隶属的那个社会、那个阶级所公认的消费水准。个人如果遵守这个标准便被认为是好的，如果违反，就会受到轻视，受到排挤。因此，"夸示性消费"是社会"有闲阶级"成员为博取名望而选择的生活方式，这种消费绝不是非理性的消耗，而是源于理性主义和经济学理论，通过多余的支出来体现价值、差别和意义。①凡勃伦关于消费具有阶级性的观点，有非常重要的意义，为研究消费方式的社会差别开创了一条新的道路。

布尔迪厄对消费文化研究的重要贡献，是将文化政治经济学思想巧妙地和西方古典社会学传统相融会，把文化符号分析和社会等级（阶级）分析结合在一起，从一个全新的视角——资本的角度看待文化，来审视文化与社会阶级的复杂关系，探索消费生活中的物质文化与实践及其所包含的复杂的权力运作。布尔迪厄吸取涂尔干、韦伯和马克思的理论，并在此基础之上做出了具有原创意义的发展。他坚信，人类的各种文化实践从来就不会脱离政治经济的权力运作，也不会隔绝于历史变迁与社会转型，文化是生产和再生产社会等级结构的重要力量，文化符号和社会空间之间存在着一种结构性的对应关系。这种对应关系在原始社会中就已经存在，而在高度发达的现代社会，这种对应关系不是以直接方式，而是以隐蔽或变形的方式流露于文化实践之中。

20 世纪 70 年代，布尔迪厄曾对柏柏尔人的住房进行过实地考察，发现柏柏尔人居住的房屋的空间组织所体现的社会文化意蕴非常浓厚，无论是房间的归属和使用，还是物品摆放的位置，都是按照高/低、内/外等一

---

① [美]凡勃伦：《有闲阶级论》，蔡受百译，北京：商务印书馆 2005 年版，第 80-97 页。

定的原则来划分的。这些原则与柏柏尔人社会组织的一些基本原则相一致，与他们在社会空间中所占有的位置相适应。住房的空间秩序不是来自符号体系自身的规则，而是柏柏尔人的社会组织的规则，反映着社会的秩序，发挥着维系和巩固社会关系的作用。①

布尔迪厄对文化符号权力的解释，主要建立在"场域—惯习—资本"三位一体概念模式上。他认为，要分析和理解社会，必须引入资本的概念，因为"资本是积累的劳动——是一种强调社会内在规律的原则"。布尔迪厄把资本分为经济资本、文化资本、社会资本和象征资本四种基本类型，它们不仅是行动者竞争的目标，也是用以竞争的手段，其中的核心就是文化资本。资本是不平均分配的，它是积累的结果，是一种具有排他性的资源。不同类型、不同数量的资本分布结构，体现着社会的资源的权力结构，因而人们的竞争是不平等的②。在这套理论模式中，文化修养和教育经历是行动者在特定场域里获取社会地位的凭证，因此合法的文化形式或品位标准就成为场域中被争夺的资源。惯习（habitus）是客观社会机制与主观认知图式之间的重要中介，是人们在日常生活中，在家庭出身、学校教育、工作环境等因素的作用下不知不觉地养成的，内化到性情体系中，并长期持久地指导行动者的行为。因此，文化资本是一定社会共同体中所有行动者共享的一套基本的感知图式，是行动者内化、具体化的社会结构。

布尔迪厄不仅分析和揭示了文化资本的生产与再生产和社会等级秩序的对应关系，还系统地研究了人们日常消费中的文化实践与其社会地位（positiontaking）的关联性。在代表作《区分：鉴赏判断的社会批判》一书中，布尔迪厄明确指出，日常生活言行＝惯习（资本）＋场域，"社会空间的相似位置"和"相似消费实践"导致了"相似性情倾向"，其结果是形成某种生活方式（life style），这种生活方式与社会位置之间是结构同源的关系，在心智结构与社会空间之间形成对应。无论是饮食、服饰、身体，还是音乐、绘画、文学的鉴赏趣味，都表达和证明了行动者在社会中所处的位置和等级，个人的文化品位与其社会地位相关联，是行动者内化、具体

---

① 罗钢，王中忱：《消费文化读本》，北京：中国社会科学出版社 2003 年版，第 38 页。
② 李全生：《布迪厄的文化资本理论》，载《东方论坛》2003 年第 1 期，第 89 页。

化的社会结构，是行动者的阶级、社会等级归属的无形标志。因此，鉴赏趣味的区分体系和社会空间的区分体系在结构上是同源的，是不同的社会阶级在实践中建构起来的，具有至关重要的区分功能。它将对象分类，通过美与丑、高雅与低俗、独特与平庸之间的区分，社会主体在客观等级类别中的地位也就被表达或泄漏出来了。

布尔迪厄回避了马克思主义关于经济基础和上层建筑的机械划分，他不单纯以生产资料的拥有和收入差异来界定个人的阶级地位，而是以个人所拥有的各种形式的资本总量来区分，从而把文化和消费实践联系起来，打破了审美消费和日常消费之间的界线，取消了自康德以来感官鉴赏与反思鉴赏的对立。作为一种实践活动，消费首先是一种区分的手段，是一种"确立"社会群体之间差异的一种方式，而不是仅仅"体现"已由其他因素决定的差异。阶级就是"具有相同习性的生物个体的集合"，不同阶级的惯习形成了系统性的对立，并使行动者得以彼此区分。其次，惯习决定消费模式的选择，资本的总量和构成的不同都会影响到消费方式的选择，不同趣味的公众具有不同的价值取向或审美偏好，对文化内容做出不同的选择。最后，消费模式与特定的场域密不可分。现代社会是由大量相对自主独立的场域组成的，每个场域都有自身的逻辑，都可以通过复杂而微妙的方式体现社会差别，但它们都客观地受到同一资本逻辑的支配。布尔迪厄的理论连接了主观存在与社会实践，将消费视为一种复杂的和商品相关联的社会过程，对消费文化的研究无疑具有极大的启示和借鉴价值，但他未能就物与文化实践意义的某些复杂方面进行充分的揭示和说明，在对消费文化现象的解释上仍有不足之处。

英国著名社会学家费瑟斯对布迪厄的理论进行了总结，他引入布迪厄关于场域和文化资本的概念来解释生活方式的社会空间，并用生活方式的社会属性来解释风格和品位。但是费瑟斯通并没有在布迪厄的理论面前止步，而是把它放在后现代情境中加以考察，从日常生活审美化的角度来解释消费文化，打开了审视消费文化更广阔的视角。费瑟斯通认为，当前社会就是一个消费社会，主导文化是消费文化，日常生活的审美呈现是其核心，也是后现代理论研究的核心。艺术和审美经由传媒渗透在经济、政治、文化和日常生活的各个方面，形成日常生活的审美泛化与普遍的消费意识形态，塑造着人们的身体和灵魂，支配着文化总体形式，甚至决定着社会结构和基础。所谓"日常生活审美化"，就是将审美的态度引进现实生活，是生活中的实用性、功利性向艺术性、审美性的过渡，意味着一种欲望的美学。它遵循享乐主义，追逐感受和即时体验的生活方式，培养自我表现，发展自恋和自私的人格类型。它突出城市生活的含混性所带来的快乐，建构起人们的多元文化观，从而推动了文化形式的革新。

日常生活审美化的呈现包括三层含义。首先，指的是第一次世界大战以来出现的达达主义、历史先锋派、超现实主义运动等艺术亚文化，追求消解艺术与真实之间的界限，反对制度化了的现实主义审美方式，击碎了艺术的神圣性，使精英文化从高尚的地位、高雅的格调降为普通的商品生产。其次，指的是将生活转化为艺术作品的谋划。商业市场的运作和日新月异的高科技手段的推广，改变了文化的生产和传播，艺术不断走进现实生活，与生活发生多重交叉换位，"艺术不再是单独的、孤立的现实，它进入了生产与再生产过程，因而一切事物，即使是日常事物或者平庸的现实，都可归于艺术记号之下，从而都可以成为审美的"[1]。于是，审美与艺术活动不再是少数精英阶层的专利，也不再局限在传统的审美活动场所，大众与精英之间的界限彻底消失，它普及化、民主化了，走进了人们的日常生活空间。最后，日常生活的审美呈现指的是充斥于当代社会日常生活中迅捷的符号及影像之流，也就是鲍德里亚所说的"超现实"的符号影像，通过媒体和日常生活景观再生产人们的欲望，在消费社会中起核心的作用[2]。在这个社会中，现实与影像之间的差别消失了，日常生活以审美的方式呈现出来，仿真的世界和后现代文化也就随之出现。

费瑟斯通认为，在消费社会以前，同一等级的社会阶层通过大致相同的消费生活方式来划清与其他阶层的界限，阶层和群体间的差异非常明显。而

---

① [英]迈克·费瑟斯通：《消费文化与后现代主义》，刘精明译，南京：译林出版社 2004 年版，第 99 页。
② [英]迈克·费瑟斯通：《消费文化与后现代主义》，刘精明译，南京：译林出版社 2004 年版，第 95-99 页。

在消费社会以后，"长期稳定的符码发生了变化，它意味着我们正在走向一个群体地位未能确定的社会，特殊群体稳定的生活方式已经被超越。这个明显的向后现代消费文化的运动，以信息的极大丰富和形象的迅速增长为基础。但这些信息与影像未能最终稳定下来，并且，在与确定的社会分化相联系的系统中，也没有出现等级层次的划分"[①]。在这种情况下，一方面，个人在选择消费的对象时，可以凭着自己的兴趣、爱好，采用一种随心所欲的方式来进行；另一方面，个人被鼓励采用一种对商品的非效用性的态度来选择、安排和展示自己的物品，强调用独特的风格来显示出自己的个性和品位。于是群体间的差异降低，而个体间的差异却在增强。也就是说，审美品位作为阶级区隔手段的作用在弱化，而对个体间的差异建构作用却在增强。

在代表作《消费文化与后现代主义》中，费瑟斯通精辟地分析了消费主义的生活方式对当前的城市文化、城市空间的强烈影响。首先，消费文化使西方世界进入了一个"文化分类的消解阶段"。传统城市中沉淀的传统、历史、艺术以及带给人们集体认同的标志性建筑，让位于后现代城市网状结构的空间形式和高高耸立的后现代建筑物。后现代城市是一个"无地空间"（no-place space），是影像的城市，它既是文化的消费中心，又是一般意义上的消费中心。它以混合的、兼容并蓄的风格和戏谑的流行艺术仿真反叛着现代主义，符号、文字、图片、雕塑与霓虹灯混杂在一起，现实参照物被记号代替，人工制品比现实还真实，文化的传统意义被消解了，被模仿、被复制、被不断翻新，重新塑造着风格，是享乐主义的消费景观。人们在这种空间中穿行，与过量的记号产生共鸣，广告、影像、时尚以及对偶像的想象和模仿以表层意向的形式进入人们的生活，人们陶醉在加工过的、模糊的、无深度的物品之中，日常生活成了虚构的幻象的大杂烩。其次，当代城市脱离了工业化过程，变成了消费、玩乐、娱乐的中心，这是一个新的大都市城市形象。它消解了生活与艺术、大众与精英、审美与享受之间的界限，也消解了原来牢固的符号等级和认同方式，超越个人主义，培养了一种暂时的情感共同体，产生了新的审美范式，导致了一种面

---

[①] [英]迈克·费瑟斯通：《消费文化与后现代主义》，刘精明译，南京：译林出版社 2004年版，第 121-122 页。

向后现代生活方式的转变。城市成为"特大型的文化超级市场"，变成文化失序与风格混杂的空间，主题公园、购物中心、林荫道与博物馆、美术馆、艺术馆等合流，都成了人们的休闲消费场地。人们在这里如同儿童般漫游、溜达，体验着狂欢、移情与情感沉浸，行走在过去与未来、传统与现代、真实与幻象中，享受着眼前的即时感受，解除了情感的控制。最后，在全球性的激烈的竞争条件下，在资本之流的自由市场力量的作用下，文化资本对城市经济的价值越来越大，根据城市所积累的文化资本的多寡和声望的高低，可以划分出一个城市符号等级。它与可即时计算、交换、实现的经济资本一样，是一个权力模式和积累的过程，是财富之源，可以转化为经济价值。因此，国家政策制定者、城市管理者和企业家都在投资和寻求文化资本形式的利益最大化，城市具有了企业化特征。后现代文化的转变就是这样一种企业化的运动，它否认原来公认的、普遍的文化审美的判断标准，代之以一种更为相对多元的、更大容忍程度的文化标准，以前被排斥的、怪异的、大众化的文化品位，现在都可以接受，通过投资新型模式，重新建构了全球性的社会空间联系。这一过程必然导致城市中心的消解，城市边缘脱离工业化的区域成为新中产阶级成员的聚集之地，成为旅游和文化消费的场所。而原来居住在那里的工人和穷人，则被赶到另外的封闭和孤立的地带。后现代文化带着狂欢的面具，掩盖了一切，预设的经济和社会条件，与城市空间中存在的各种不同的社会地位是密切相连的，分类、等级及区隔在城市中从未间断过①。

芬兰学者格罗瑙（Jukka Gronow）的趣味社会学理论也从美学的角度来说明消费品位的社会分类功能。格罗瑙把时尚看作一个典型的自我推动的过程，在他看来，时尚不仅仅是阶级区分的手段，同时也是趣味群体形成的手段，时尚强调的是群体差异，而不是阶级差异；构成现代时尚的动因不是阶级差别，而是人们运用具有独特品位的消费生活方式来重新建构和定位自己的社会身份，是人们在日常生活领域重新合法化的重要手段。

格罗瑙通过分析品位与厨房之间的关系来解释这种现象。首先，人们

---

① [英]迈克·费瑟斯通：《消费文化与后现代主义》，刘精明译，南京：译林出版社 2004年版，第 139-162 页。

的消费品位与厨房物品的布置有关。鲍兰德路和卡特梅尔街道的居民拥有较少的文化资本，他们总是根据实用性、效率性及方便性来布置厨房；而兰斯戴尔大街的居民拥有较多的文化资本，物品的经济价值就不如自我表现意义那么重要，厨房的功能审美化了，主要是作为自我表现的空间来加以强调。其次，消费品位与厨房的风格有关。鲍兰德路和卡特梅尔街道的居民的文化资本和经济资本都比较少，他们往往强调厨房物品颜色的统一，喜欢买相同颜色的碗、架子、塑料袋等，以避免看上去有乱七八糟的感觉；而拥有较多文化资本和经济资本的兰斯戴尔大街的居民偏好主观的审美统一，物品和色彩是根据使用者的创造性、烹饪能力和厨房本身的背景来搭配，强调一种独特的风格。再次，品位在对物品质量的评价和欣赏方面存在差异。对鲍兰德路的居民来说，物品的质量代表物品的实用性，根据价格和用处来判断物品的好坏；对卡特梅尔街道的居民来说，物品的质量是通过理性的交换价值来体现，他们愿意多花点钱来买质量好点的物品；而兰斯戴尔大街的居民，是根据物品的稀有性和区别性来评价其质量，强调物品质量的工艺性。最后，消费品位与空间意义的需求相关。对于较少文化资本的鲍兰德路和卡特梅尔街道的居民而言，厨房仅仅是一个功能空间；而对于兰斯戴尔大街的居民而言，厨房可以提供很多相关的附加意义，比如可以用来进行家庭互动、探讨婚姻关系、进行社会交往等。[1]

一个团体的成员建构不同类型的空间的方式，将会作为符号，展示这个团体的重要价值和关系结构，显示出空间如何可以用不同的工具性符号来标示，这是一个既有实际意义又有仪式意义的过程。弗兰克·莫特（Frank Mort）1996 年在《消费文化——20 世纪后期英国男性气质与社会空间》（*Cultures of Consumption: Masculinities and Social Space in Late Twentieth-Century Britain*）中对消费空间的社会化作用做了精辟的论述："空间和地方都具有表现意义的功能，从各种与当代消费有关的不同环境，可以看出个性是怎样塑造的并且对日常生活产生影响的观念是怎样产生的。"[2]

---

[1] Jukka Gronow. *Ordinary Consumption*. London: Routledge, 2001, p.159-177.
[2] [英]弗兰克·莫特：《消费文化——20 世纪后期英国男性气质与社会空间》，余宁平译，南京：南京大学出版社 2002 年版，第 8 页。

在《购物，空间和实践》（*Shopping，Space and Practice*）一文中，克瑞威、葛瑞格森和布鲁克（K. Brooks）以义卖会现场中五名妇女为个案，从购买的实践、观看的方式、在日常生活中的位置以及社会关系等几方面，研究特定购物空间中产生的特定购物实践，结论是购物空间是差异空间的表征，购物实践具有多元性与多样性，在不同的购物空间中，消费者会进行不同的实践。①

空间的界限、进入的标准、特定的行为要求都再生产着社会秩序，清楚地显示出社会秩序中暗含的权力和等级结构，即用符号标示社会用途、注入权力结构和所有权的过程，并在这个过程中形成充满矛盾的人际关系。斯内夫特和雷伊松通过对关乎地位的商品的一个特例——乡间别墅的研究来考察消费空间与身份认同之间的关系。20 世纪 80 年代，劳动力市场的国际化发展为英国的工人提供了普遍上升的薪水和职业预期，使他们能够追求高消费的生活方式，这对居住在英格兰东南部的大多数工人产生了巨大的影响，商业区的工人总想把新近得到的经济资本转化为社会和文化资本，他们关心的是最能证明其鉴赏能力的"关乎地位的商品"。乡间别墅是英国国家身份的重要的表征符号，代表着自然与乡村、传统与家庭生活中的重要观念，能为工人们提供超过其社会身份的文化价值，于是引发了乡间别墅市场的火爆并在全国范围内传开。②

新零售地理学以经验研究的方式，分析消费的意义与自我认同及社会关系间的关联，认为商品的消费是一种社会过程，人们通过使用与再使用商品，将它们整合入自己的生活中，同时转化它们的意义。消费如今已经成为一种存有方式（a mode of being）、一种获取认同的方式（a way of gaining identity），认同并非固定而单一的，而是动态与多重的。新零售地理学者相信，社会的交换秩序有各种不同的模式，消费是一个不断流动与流变的过程，地理学者们要做的就是打破原来关于消费、认同、价值、交换与空间的单一的研究架构，使之成为能够解释消费者在特定的时间与空

① Gregson N, Crewe L and Brooks K. "Shopping, Space, and Practice" in Environment and Planning D, 2002, pp.606.

② 皮特·杰克逊、尼格尔·斯内夫特:《消费地理学》,载罗钢、王中忱《消费文化读本》,北京: 中国社会科学出版社 2003 年版, 第 454-455 页。

间场景中、在意义的结构网络中如何、为什么和在哪里行动。

## 二、理论的借鉴、合并与改写

当前，全球经济一体化和信息产业化正日益普遍地在世界范围内连接起生产、销售、分配、消费以及围绕这些不同要素连接组成一张错综复杂的网，生活与商品以持续发展的方式交织于其中，约束和影响着消费空间的产生。今天，消费不再是一个简单的资源利用和消耗的过程，它是非常多样化的，迎合不同口味的主体，以不同方法被使用，生产不同的经验和记忆，具有非常的复杂性和矛盾性，可以从不同的立场进行十分不同的解读。

文化地理学家传统上更多地关注商品与服务的分配，尤其是性别、种族、阶级的不平等。今天，消费地理学的发展已超越了以零售与超级市场为主的空间区位的一般描述性分析，转向讨论社会与空间的关系，把消费文化的空间实践看作消费循环中不同的行为过程——生产、设计、营销、广告、包装、出售等——把它们看作商品链中的一环，并将其追溯延伸到社会生产关系及其再生产的社会行为中，研究形成的各种问题。为了避免简单化和决定论倾向，学者们致力于建立一种可同时将政治、社会与物质环境性因素纳入研究系统当中的方法，寻求将消费与生产同时融入研究分析的途径，系统地分析消费空间出现了什么变化，如何变化，对不同的行动者有何影响，彼此的关系为何，等等。

要想找到一个理论来一劳永逸地解释消费空间，其本身就是一个问题，从来就没有一个适用于所有语境的可普遍化模式，而理论的论争也不可能总是停留在抽象层次上，只有通过研究特定语境下的特定问题，研究才能真正深入。现代消费是非常复杂和多元化的，是不同场所的一系列行为的结果，如果脱离了特定的时空语境和文化背景，消费的内在逻辑就会消失。因此，应该将消费空间研究置于特定的、具体的语境下考察，而不要采用某种先入为主的观点和态度。

前文介绍的三种消费地理学的研究范式可以说是各有侧重，各有利弊，对本书的研究都有很大启发，对本书的分析都具有重要的参考价值，但同时也存在一些观念上的不一致。马克思主义空间地理学对消费文化的剖析最为深刻，揭示了消费文化政治经济的地理学意涵，但它忽略了消费者在塑造当代消费文化中的积极性和能动性，阶级、性别、种族被认为是不平等的社会关系的体现，而不是活生生的、有各种思想性格的复杂主体；后现代意象地理学抓住了当代消费社会的最核心的现象加以研究，但这种符号解读的分析方法简化了消费过程，强调消费的均质化作用，严重忽视了消费的文化意义和经济意义；新零售地理学研究在前两种范式之间搭起了桥梁，把消费文化看作既定的社会现实和社会秩序的反映，但过于把关注点放在社会空间结构和身份认同之间的关系上，而忽视了空间的其他形式和问题。本书在对三种理论的借鉴的基础上加以合并、修改，将消费文化置于当代中国特殊的社会背景下，从城市居住空间变迁的角度加以研究，在关注空间生产不平等现象的同时，也关注大众的消费认知和消费体验，客观地分析消费文化及其空间实践。

首先，马克思主义地理学的"社会空间"理论，为本书的研究提供了一个认识论框架和本体论前提。当代社会尽管具有许多前所未有的新特征，在形式上与农业文明、工业社会有本质的不同，消费伦理取代了传统道德，大众文化成为全球性的消费品，但在深层结构上仍是马克思社会生产理论所概括的结果，马克思关于社会生产的理论在当代都市空间文化研究中仍然具有指导意义。本书将马克思主义地理学理论作为研究的总方法论，是因为这个方法论的精华在于能帮助笔者逻辑地把握事物的最高环节。人类生活的空间是有价值与意义的，列菲弗尔在《空间的生产》中、大卫·哈维在《社会正义与城市》（Social Justice and the City）中、爱德华·索亚在《后现代地理学》中都明确指出空间与社会是辩证统一的，空间既是在历史发展中生产出来，又随历史的演变而重新结构和转化，本质上是社会系统各要素的扩延和伸展，是人的社会关系、社会活动的空间表现。通过对空间以及蕴涵在各种空间尺度里的社会关系、社会行动的分析就可以解释社会文化系统。所以，社会过程很大程度上致力于空间的建构，而反过来空间的表现可以阐释复杂的社会过程，要考察当代社会文化结构及其再生产，空间是一个重要的、极佳的也是必不可少的切入点。

其次，列菲弗尔的"三元辩证法"和爱德华·索亚的"第三空间"理论是本书搭建研究路径，展开具体分析的依据。列菲弗尔认为空间就是一种社会秩序的空间化①，是社会关系重组与社会秩序实践性建构的具体化，具有物质、精神、社会三种形式，空间的知识应该将这三种空间相互联结起来联合论证在一个超学科的"三元辩证法"之中。索亚在列菲弗尔的基础上提出了"第三空间"理论，"第一空间认识论"的认识对象是物质的空间，偏重采用实证研究手段来直接把握，力图建立关于空间的科学形式；"第二空间认识论"对空间采取反思的、主体的、内省的哲学观点，强调认知的过程及现象学的观念。空间被理论化为人文主义的建构，是主观空间的再现，而不是对于物质性空间的客观描述；第三空间（具体的物质空间及其生活意义表征的观念形态）结合了空间的主观化和客观化、物质的与认知的形式的诠释方式来看待空间，意欲达成空间性、历史性和社会性三者的平衡，呈现出极大的开放性。索亚的空间理论是对空间性在批判理论思考与实践上的重置，是对长久以来历史主义本体论的批判，他的意图并不是要倡导无所不包的、宏大的唯空间论，而是要达成空间性、历史性和社会性三者的平衡。这是一个实际的理论意识，它把生活世界看成时间与空间、历史与地理、时段与区域、历时与共时的结合体。

戴维·哈维在《社会公正与城市》一书的后记中也指出，有组织的空间结构并不是一种独立结构，也不是缘起于社会各种生产关系的阶级斗争的一种简单表现。相反，它表征了各种生产关系，这些生产关系也同时是社会关系和空间关系②，因而在人类生活中，空间性、历史性和社会性是相互交织的，只有在空间、实践、社会这三个彼此包含的面向上，才能描绘出现代性和后现代性的脉络化，才能解决现代城市中的社会和空间冲突的种种难题。

马克思主义地理学理论是本书的理论基础和思想源泉，空间是立体多维的，都市空间的巨大变迁不仅在物理向度上改变了城市的外貌，同时也在精神与意识的层面上影响着人们的日常生活。因此，物质属性、文化属

---

① Leiebvre Rob Shields. Low and Straggie Dialectics. London: Routledge, 1999, pp.154-155.
② [美]爱德华·苏贾：《后现代地理学》，北京：商务印书馆 2004 年版，第 116、118、119 页。

性和社会属性是空间的三个基本维度，本书从这三方面同时展开分析，以期客观全面地把握当前中国城市空间变迁的原因、过程及结果。但是，本书反对仅从阶级生产的、悲观的视角将消费文化视为一种道德堕落和沦丧，把消费看作一个没有自身价值的独立论题和资本主义维持利润的经济手段，以激愤和指责代替真正的分析。当代消费不是阶级斗争的一种简单表现，也并非纯粹的经济均质化作用的结果，消费者不是处于完全被操纵的境地，相反，在一定的程度下具有能动性和创造性。

再次，鲍德里亚的符号学分析方法以及在其基础之上发展起来的后意向地理学理论对本书也有很大影响。在当今这个大众消费的时代，没有人和事能免于商品化、商业化、被购买和出售，没有哪个国家和民族能免于消费文化意识形态的侵蚀和影响。当今的消费文化并不是简单的经济学角度的产品消费、市场消费所能涵盖的。经济的发展只是为大规模消费提供了可能性，更重要的是，消费作为一种符号象征体系体现了一种差别次序，即以"物"为符号区分社会等级和社会身份，对"物"的消费已经成为人们自我表达和相互识别的主要形式和意义来源，成为对人的行为和群体认同进行符码化和规约的分类系统，成为社会结构和社会秩序及其内在区分的主要基础。从消费的角度把握当代社会的某些特质，把消费看成一种有意义的、系统化的符号操作行为是本书赞同的观点。但是，商品的符号系统并不能完全控制人们的消费行为，人们独立思考的能力和判断力并没有因为被服务、消费、广告所包围就完全丧失了，商品的物理性存在、人们的真实需求并没有被完全消解，成为一种空虚的、无意义的意象或符码，这是符号分析的不足，在这一点上，本书是不赞同的。客观来讲，消费是一个社会过程而不是与社会无涉的、独立自足的符号体系，不同的人在不同的场景之下都会有不同的表达和解读方式，在展开分析研究时，应该考察消费者自身的体验和感受，而不是将消费等同于符号化的选择和差异性的建构，过于关注消费的符号性与象征性。

最后，布尔迪厄和费瑟斯通的社会学理论是本书研究的又一重要工具。商品的意义与社会实践紧密相连，表征着潜在的社会分野，积极参与着社会秩序的塑造，是社会关系的文化再生产的重要组成部分，因此，对消费文化的分析必须同时是一种社会分析。空间是意义生产与认同建构的关键地点，塑造着人们对自身的认同与感觉。这种认同和感觉是含混的、动态的、复杂的，尤其是在消费社会的今天。因为当前，人们的身份是通过具体的消费行为获得确证或受到质疑的，也就是说人们是通过购买的商品和服务来定义自身的，这使得商品的时尚性、审美性和独特性具有了前所未有的社会意义，商品与某种特定的生活方式联系在一起，把社会地位不相等的人区分开来。如此一来，作为一种独特商品的空间既具有了符号象征意义，又具有了社会区隔功能。人们和商品以一种动态与多重的方式相关联，既有合理的功能性的考虑，又同时受到梦幻式的想象与意象的引导。因此，本书将后现代意象地理学和新零售地理学相关理论结合起来，一方面，揭示消费空间的符号象征逻辑成为人们自我表达和相互识别的主要形式和意义来源；另一方面，消费空间通过审美和品位，成为对人们的行为和群体认同进行符码化和规约的分类系统，使空间成为给人群划分等级的标签，将现实世界中的分类归入人们内心的范畴中。

## 第二节　研究方法及主要技术指标

### 一、研究方法的确定

文化研究作为一门学科，其本身并没有一种界定性的研究范式和理论主张，每一种理论和方法在其中都有可行性，这种特点在于回应研究时所面对的历史语境和特定文本，所应用的方法也随研究的需要而定，这既是它的学科特点，也是其学科优势。根据需要，本书主要采用两种基本研究方法。

#### 1. 跨学科的方法

空间，不仅仅是抽象的意向空间，也不仅仅是单纯的物理实体，而是在人类意识和目标基础上定义的有意义和价值的区域空间，涉及人类生活世界的方方面面，通过研究人与空间的关系、人们的空间行为以及人们对空间和场所的感受和意念，就可以了解人类世界。[1]正是由于空间本身的这种庞杂性和丰富性，对空间的研究不是某一门学科所能单独承担的，不可能从单一学科的角度来分析。

20 世纪 70 年代以来，在地理学等空间学科"文化转向"的背景下，为人的行动及行动者赋予空间的意义成为空间研究的核心。这种研究并不是将研究对象简单地纳入某种所谓的文化视野，而是在原有的学科基础上，从"文化"这一新的视点对其进行透视，揭示"文化—行为"对空间的再塑动力关系，关注行动者的主观思想状态和心理因素（意义、价值、目标和目的等）。本书从文化研究视角来审视消费文化对中国城市居住空间的影响，主要目的是解释当前中国文化现象和社会系统行为，书中运用和借鉴了文化地理学、城市社会学、社会心理学等学科中的相关研究理论及方法，试图在对空间研究既有的学术成果基础上展开分析，以期客观合理地解释当前人们日常生活空间和社会文化空间构成之间的关系。

### 2. 定量分析和定性分析相结合的方法

美国社会学家詹姆斯·S. 科尔曼认为，解释社会系统行为存在两种模式，一种是对不同系统中的同一行为进行样本分析，考察不同因素反映出的行为特征和社会系统特征；另一种是检验系统内部的变化过程，用系统组成的行为解释系统行为，这种解释模式既非纯定量也非纯定性，而是兼而有之。[2]

定量研究是社会学实证主义的传统，20 世纪 50 年代中后期，实证主义被广泛引入人文地理学的研究。到 60 年代末，实证主义的研究范式影响了整个北美和其他英语国家，形成了地理学中的计量革命。实证主义地理学广泛使用空间景观与行为的数理分析，寻求空间作用和空间联系的普遍规律，增加了研究的准确性、肯定性和可证性，减少了经验主义研究中的主观性，其中，社区因子分析法（Social Area Analysis）是应用得最广泛的。这种研究方法的优点在于它的标准化和精确化的程度较高，逻辑推理比较严

① Tuan Y F, "Space and Place: Humanistic Perspectives" in Progress in Geography, 1976, 6, pp.347-352.
② [美]詹姆斯·S. 科尔曼：《社会理论的基础》（上），邓方译，北京：社会科学出版社 1999 年版，第 4-5 页。

谨，有利于对现象之间的因果关系做精确分析。本书认为，居住空间具有外在性、普遍性和对个体约束的强制性等特点，通过因子分析，可以清晰明了地考察影响住房消费行为的主要因素，是较为适合本书的研究方法。

实证主义的研究方法也有不尽人意之处，它所追求的普遍性、客观性的空间规律过于抽象和机械，忽视了人的主观能动性，不能完全真实地解释空间现象，需要其他方法的补充。住房消费不只是简单的经济现象，更是复杂的文化现象，涉及政治制度、风俗习惯、教育程度、职业收入、价值观、审美观、身份认同等多方面因素，用社区因子分析法所做的定量研究无法考察如此复杂的社会现象，更无法显示出历时的动态的变迁过程，必须通过定量研究与定性研究相结合的方法才行。

在关于空间的定性研究中，主要有时间地理学研究法、城市意向空间研究法、"客观的存在主义"研究法，以及近些年来兴起的借鉴人类学的民族志研究法和参与观察等方法。其中，以哈格瑞斯（Hagerstrand）为代表的隆德学派创立的时间地理学研究法，引入人口统计学中的"生命线"概念，通过针对个人行为的线索式调查，总结不同人群与行为系统的匹配。本书研究的居住空间涉及人们的主观判断和主观意志，居住空间只是其最终的结果和外在表现形式，与这种方法的研究重点和目的不相符。"客观的存在主义"研究法、民族志研究法和观察法都强调以本位论视角探寻社会空间运行规律，要求研究者从被研究群体的视角去看待问题，即从"局外人"角色转向"局内人"。这些方法克服了研究者的主观性，但对参与研究的时间上要求很高，一般来说，没有五至十年或更长期的观察和研究是出不了结果的，因此也不适合本书。

城市意向空间研究法是行为地理学惯用的一种研究方式，它借鉴心理学理论，以城市不同群体描绘其心目中的城市地图、城市意向为素材进行研究。这种方法后被詹姆逊借鉴改造，用于分析后现代主义的文化特征和空间形态，詹姆逊认为在后现代社会的日常生活里，人们的心灵经验和文化语言都已经让空间范畴而非时间范畴支配着，只有借助认知地图法才能够使个体更清醒地意识到自己在当前全球空间体系内所处的位置，并且明确与它们之间的关系，以便把"个体的情境性表象同宏大的社会整体结构的非表象性总体"①关联在一起。美国社会学家凯文·林奇（Keviu Lyuch）是城市意象研究的开创者，他根据在美国 3 个城市（波士顿、新泽西、洛杉矶）的抽样访谈结果，通过访谈对象对城市环境的描述，指出他们认为重要的环境特征要素及其空间位置，并且以图解的方式表达他们对于城市意象的认知。林奇的研究因忽视了不同社会群体对于城市意象的认知差异性而受到质疑，而克拉克和卡迪沃对于洛杉矶的实证研究则在一定程度上弥补了这方面不足。与其他方法相比，意象空间研究法侧重于个人或群体对其生活环境的感应、观察和认知过程，这种感应和认知被认为是人类行为决策的基础，较为适合本书。

意向空间研究又分为认知地图法和社会调查法两种方法，认知地图法主要用于对城市节点、代表性建筑物、位置、地图等外界环境的认知表述；社会调查法一般是对居民的空间意向进行调查、访谈，并将其结果进行综合评价②。本书选择社会调查法，原因如下：第一，居住消费方式作为日常生活领域的重要组成部分，具有很强的直感性。而进行调查、访谈则有利于被调查者说出其心中具体、微妙的心理感受；第二，由于消费方式选择涉及人们的主观判断和主观意志，因此必须参与其中、现场体验才能够更为准确地把握和判断研究对象的真实状态。调查、访谈法有利于发现更多细节，可以容纳文字、语言无法完全包含的信息。

根据筛选和分析，本书最终选择采用社区因子分析法和社会调查法相结合的方法展开研究，通过解读与描述人们的日常居住空间及其文化表象，来揭示空间消费行为背后所隐藏的社会文化内涵。

## 二、研究对象的确定

### 1. 研究地点的选取

基于研究的可行性与可操作性，本书选择在成都开展实证研究。成都

① [美]弗里德里希·詹姆逊：《晚期资本主义的文化逻辑》，北京：中国社会科学出版社 2000 年版，第 423-515 页。
① 顾朝林、宋国臣：《城市意向研究及其在城市规划中的运用》，载《城市规划》2001 年第 3 期，第 70-77 页。

是四川省省会，是西南地区重要的科技、商贸、金融中心和交通、通信枢纽，先后荣获联合国颁发的"人居奖"和"最佳范例奖"两项殊誉。2015年11月26日，国务院批复同意《成都市城市总体规划（2011—2020）》，根据该总体规划方案，成都市被定为中国核心城市之一、西部地区重要的中心城市。

2017年7月，成都打破圈层结构，将中心城市范围扩大至原一、二圈层的11个行政区加高新区、天府新区，形成"中心城区＋郊区新城"的空间层次，实施东进、南拓、西控、北改、中优的"十字方针"，城市空间布局进一步优化。成都直接管辖和代管的区市县共有22个，其中包含武侯区、锦江区、青羊区、金牛区、成华区、青白江区、龙泉驿区、双流区、新都区、温江区、郫都区11个区。另外还有大邑县、新津县、金堂县、蒲江县四个县。代管都江堰市、彭州市、邛崃市、崇州市、简阳市五个县级市。此外，还有单列的成都市高新区和天府新区成都直管区。现全市总面积14 312平方千米，其中市辖区和建成区面积达837.3平方千米，全市城镇化率已高达74.41%。截至2019年年末，成都全市常住人口已突破1 658万人。

与北京、上海、深圳的房地产市场相比，成都房地产市场具有四大特点：① 市场供给充足、需求旺盛；② 空置率较低，且逐步下降，市场吸纳能力较强；③ 房价收入比相对合理；④ 物业结构合理。基于成都市社会经济文化特征与房地产市场的有序发展，中国城市住房变迁的过程及因素在其身上都有明显表征，具有较强的代表性。

本书采用意向空间研究法对居民的居住空间意向进行调查、访谈，并对其结果进行综合评价，这要求研究者从被研究群体的视角去看待问题，以最大限度地克服研究者的主观性。笔者是成都人，在成都生活工作多年，对成都的风俗文化、消费习惯、居住形态都比较了解，作为被研究群体中的一员，相对其他城市，能更加客观地反映事实。因此，选取成都市作为研究对象是适当的。

### 2. 研究时间段的选取

我国的社会转型始于1978年的对外开放和经济制度改革，改革开放虽然使我国的经济发展发生了翻天覆地的变化，但由于城市土地使用制度和住房分配制度仍然沿用旧制，所以城市居住空间结构没有发生多大的变化，这种情况直到 1988 年城市土地的有偿使用制度出台后才有所改观。1949 年，中国城市人均住房面积 4.5 平方米，而到 1978 年，中国城市居民的人均住房面积反而下降到 3.3 平方米。城市住房状况非常紧张严重，1/3 的城市人口无房或缺房。1978 年 3 月 6 日，国务院在北京召开了新中国成立以来的第三次城市工作会议，制定了关于加强城市建设工作的意见，决定加速住宅建设。1978 年 9 月，新中国成立以来首次城市住宅建设会议在京召开。谷牧在会议上指出，城市住宅问题已经到了非解决不可的程度了。如果任其继续下去，将会严重脱离群众，那就不仅是一个生活问题，而成为一个政治问题了[①]。9 月 9 日，李先念在国务院务虚会上强调，特别要加快职工住宅的建设。针对日益加重的住宅危机，中国政府进行了一系列改革，其主导逻辑就是市场化，将中国城镇住房改革的目标定为减缓短缺，将公房私有化和商品化，以实现住房资源的市场配置，最终取代住房资源的行政配置。1988 年 4 月，全国人大通过土地使用权的法律修改，标志着土地正式进入市场，全国各大城市先后开始了大规模的旧城改造，"居者有其屋"的政策使政府大量投资住宅建设，当时地价相对低廉，中国房地产市场处于以旧城改造为动力的初步发展阶段。

1998 年，《国务院关于进一步深化城镇住房制度改革加快住房建设的通知》（国发〔1998〕23 号）颁布，要求于当年年底在全国范围内停止实物型福利分配住房。不过，这一政策要求直到 2005 年前后才在全国范围内得以基本完成。2003 年，《国务院关于促进房地产市场持续健康发展的通知》（国发〔2003〕18 号）颁布，对城镇住房制度改革进行了肯定，并将其深入推进。从此，国家住房改革分配制度由住房实物分配改为货币分配，居民住宅不再由工作单位提供，货币化分房和银行按揭政策的实施使住房逐步市场化，居民住房消费有了极大的自主权。与此同时，中国城市化建设进入快速发展阶段，在前期旧城改造的基础上投入大量人力物力，掀起

---

① 《国家房地产政策文件选编（1948—1981 年）》，天津：房地产通讯杂志社 1982 年版，第 202 页。

了城市基础设施建设的高潮。该时期，房地产业的发展经历了一次大的飞跃，建立了规范的住房市场体系，成为国家的支柱产业，进入了以城市建设、交通建设为动力的全面发展期。

2002年，国家开始实行土地"招、拍、挂"政策，解决了住房开发的源头活水问题，土地的市场化运作使房地产开发的市场化运作成为可能。公房比重迅速下降，商品住房比重上升。据CHIP和CFPS数据显示，从1988年至2002年，公房所占比重从84.81%下降到15.54%，房改房比重从0.47%上升到62.72%。2004年以后，该土地政策成为房地产开发的主流，住房投资成为新的经济增长点，房地产投资逐年快速递增，年平均增长率超过20%，在全国固定资产投资中所占的比例越来越高，居民的住房消费也呈井喷态势，房地产业进入以资本运作为动力的成熟期。

2008年，由于美国次贷危机，为应对金融危机的影响，中国各级地方政府进行大规模的房地产和基础设施投资，对土地融资的依赖加深。中央政府为支持地方经济发展而放宽了土地抵押融资条件，地方政府成立了以土地为抵押物的融资平台，实现土地的金融化，同时又出台了各种促进住房消费的优惠政策推动了房价快速上涨，仅2009年一年，全国一、二线城市房价几乎翻番。此次上涨激发了居民对未来房价持续上涨的预期，居民将拥有多套住房作为家庭财富投资的重要部分。此后，房地产开发商和居民对开发和购买住房投入了极大的热情，高度依赖融资借贷。房地产开发企业长期采取高负债运营模式，在土地拍卖和房屋建设中采用银行信托、开发贷甚至高利贷的融资借贷模式。2008—2017年，全国个人住房贷款余额从3万亿增至21.9万亿，住房杠杆率从17.9%上升到49%。

2009年以后，房地产成为社会增量财富分配机制的重要环节。社会财富从无房者向多套住房者转移。2008年前后，住房资产对家庭总收入的贡献度提高了大约一倍，住房资产收益对家庭总收入的影响远远大于个人收入，房产分配比收入分配更加不均衡。在这个阶段，住房自有率从13.8%上升到84.48%，户均住房套数从0.3套上升到1.05套。

由于房价上涨过快，2010年9月30日，《深圳市人民政府办公厅关于进一步贯彻落实国务院文件精神坚决遏制房价过快上涨的补充通知》颁布，规定全市实行限定居民家庭购房套数政策。2011 年 1 月 26 日，温家宝主持召开国务院常务会议，研究部署房地产市场的调控工作，提出八项措施引导和调控房地产市场，被称为新国八条。会议指出，房价过快上涨势头必须得到遏制，为促进房地产市场平稳健康发展，必须进一步做好房地产市场的调控工作。2011 年 1 月 31 日，上海出台了落实新国八条房地产调控政策的细则，对房产开始进行限购。2011 年 2 月 17 日北京颁布限购政策，限制购买住房。2012 年，成都也颁布了限购政策。2016 年 10 月，成都出台新的更为严厉的限购政策，11 月 17 日，成都发布限购升级措施。至此，全国各地限购政策的出台，使"疯狂"的住房市场得到有效的遏制，使真正的"刚需"群体得到住房上相对公平的待遇。

根据中国住房的这四次发展，本书大体将研究时段分为四个时期：1988—1998 年的房改期，1999—2004 年的发展期，2005—2011 年的成熟期，2012—2019 的限购期，并按这四个时段来考察不同时期人们的居住状况、居住价值观、居住认同等，通过比较其前后变化来客观反映中国所经历的文化变迁。

### 3. 研究对象的选取

本次研究对象是成都市居民，通过走访和询问的方式了解被访居民的收入、职业、文化状况等，特别注意不同收入、职业和文化程度的居民在住房消费方式和住房空间分布上的特点，作为最后确定被访对象的依据。因此在选择被访对象时充分考虑到被访者的人口学分布特征，尽量使被访者年龄、收入、职业、受教育程度等方面的结构特征能够代表总体。

本次研究对象分为问卷对象和访谈对象两类。对问卷对象的确定有两种方式，第一种方式为聘请成都市圆融源咨询公司进行市场调查，发放问卷 500 份，并支付费用，要求他们在问卷发放的过程中做到样本选取的随机性。第二种方式为选取成都市中心、城东、城南、城西、城北、高新区、天府新区各 2 个小区，郊区 1 个小区，共 15 个小区 500 户左右，进行入户调查。在小区及住户选择上，涵盖简易住房、普通多层住宅、电梯公寓、花园洋房和别墅等多种住房形式。

对访谈对象的确定，具体操作是分别对专业人员和成都市普通居民进行访谈。对专业人员访谈包括对两个建筑设计师和两个房地产公司高管的访谈，了解成都市房地产市场总体情况、住房建筑风格走向，住房消费市场偏好等。对成都市普通居民访谈是在选取的 15 个小区中，每个小区分别访谈 3 个家庭，共 45 户，加上对两个建筑设计师和两个房地产公司高管的访谈，共 49 份访谈报告。

### 三、问卷的形成和数据分析技术

#### 1. 调查问卷结构设计

论文的问卷分为两个部分，一是调查问卷，二是访谈提纲。问卷中的题项来源，主要采用文献阅读和访谈 2 种方式。其中文献阅读是在对国内外大量相关研究的集中阅读和对住房消费要素的深入了解的基础上，从住房消费价值观、住房消费审美观、住房与身份认同 3 个方面组成问卷量表。访谈与实地观察是以成都住房消费实际情况为背景进行实地访谈，深入了解居民的住房消费观念和消费方式，将其作为问卷设计与访谈提纲构成的基础。

结合前人的研究经验和实地分析，笔者设计出一套包含 4 个部分，共 31 个题项的调查问卷和一套包含 4 个部分的访谈提纲。调查问卷由开头部分和主体部分组成，其中开头部分是致被调查者的问候语。问卷主体部分共包括 4 个部分，即问卷的"个人基本情况调查""住房消费价值观调查""住房消费审美观调查"和"住房与身份认同调查"。

第一部分的问题，是关于被调查者的一些基本资料，包括性别、年龄、月收入、教育水平、现居住住房的来源、位置和性质 7 个方面。该部分所包含的问题可使研究者根据被调查者的背景资料对调查结果进行分类比较。第二、第三、第四部分从消费价值观、消费审美观和身份认同的角度来分析与住房消费及其空间分布的关系。问卷第二、第三、第四部分题项的来源见表 2-1，其中字母 A 代表该条款来自检索到的相关文献研究；字母 B 代表该条款来自与普通居民、房地产相关政府工作人员、多家房地产公司管理人员的访谈；字母 C 代表该条款来自新楼盘售楼处、各居民区的实地观察。

表 2-1　问卷题项构成

| 编号 | 题项描述 | 来源 |
|------|----------|------|
| 第二部分　住房消费价值观调查 ||| 
| （1） | 您购买住房就是为了满足居住需要 | A、B、C |
| （2） | 您购买住房的目的除了居住，还为了投资 | A、B |
| （3） | 您购买住房的目的是提高生活质量、享受生活，让自己舒适满意 | A、B |
| （4） | 现有住房基本满足居住需要，就没有必要更换了 | A |
| （5） | 人生应该享受快乐和舒适，一套理想的住房是生活质量的基础 | A、B |
| （6） | 如果有钱就应该买更好、更大的住房，尽自己所能提高生活质量 | A、B |
| （7） | 住房是生活必需品，如果有单位福利房，就没有必要再买 | C |
| （8） | 住房是很好的投资品，有钱应该多买几套房子做投资 | A、C |
| （9） | 对采用分期付款方式购房，所持态度 | A |
| 第三部分　住房消费审美观调查 ||| 
| （1） | 住房面积适中、交通便利、户型实用就可以了，环境是否优美、设计是否高端时尚并不重要 | A |
| （2） | 如果您现在购买住房，考虑的主要因素是舒适、美观，符合您的审美品位，让你很享受、很自豪 | A |
| （3） | 住房的质量会影响心情，住在环境差的房子里心情压抑，住在环境优美的房子里会让人心情舒畅、精神愉悦 | B、C |
| （4） | 广告对您的购房影响很大，广告做得较好的楼盘你会优先考虑 | B、C |
| （5） | 个人的住房体现了他的品位，品位越高，住房越美观时尚、越有个性 | A、B |
| （6） | 住房是什么风格（中式、欧式）并不重要，关键是要美观、舒适、有品位 | A、C |

| 编号 | 题项描述 | 来源 |
|------|----------|------|
| | **第四部分　住房与身份认同调查** | |
| （1） | 住房应该与自己的身份相符合 | A、C |
| （2） | 有钱人住好房子，没钱人住差房子 | A、B |
| （3） | 住在高档住房里的都是有钱的人，住在低档住房里的都是没钱的人 | B、C |
| （4） | 住高档房子很体面，很有成就感，住低档房子会感到没面子 | A、C |
| （5） | 如果有钱，会购买最高档的房子 | B、C |
| （6） | 住在高档住房里可以提升自己的身份，住在低档住房里会降低自己的身份 | A、B、C |
| （7） | 高档、低档房子混在一起感到很难受 | B、C |
| （8） | 当您感觉与所在小区住户的身份差异较大时，会搬离此地，重新购买住房 | A、C |
| （9） | 同一个住宅小区里的住户，应该有相似的收入、职业和受教育程度 | A、B |

这 3 个部分共有 24 个问题，每一个问题选项设为 5 个等级，计分时每一等级的分数从左至右分别为 1、2、3、4、5。回答每一个问题时，被调查者根据自己的真实想法，在选项前打"√"。选项包括 5 个等级：① 完全不同意；② 比较不同意；③ 感觉一般；④ 比较同意；⑤ 完全同意。

访谈提纲由 4 个部分组成：第一部分是关于访谈者的一些基本资料，包括性别、年龄、月收入、教育水平、现居住的住房的来源、位置和性质 7 个方面；第二部分从消费价值观的角度，分 3 个时段了解居民的居住目标、居住态度、居住价值；第三部分从消费审美观的角度，分 3 个时段了解居民的审美感知、审美方式；第四部分从身份认同的角度，分 3 个时段了解居民的空间分异和身份认同情况。访谈主要通过询问的方式让访谈对象对上述 4 个部分的问题进行描述，采用现场录音、现场记录、回忆整理等形式形成调查资料。正式访谈时基本上是依据事先拟定的提纲进行，有时根据需要，访谈内容也不完全局限于访谈提纲。如果碰到被访者有较多与访谈相关的话要说的情况，一般不会打断被访者的谈话。访谈以直接提问和家常聊天相结合的方式进行，力求气氛和谐、内容丰富，信息准确。

### 2. 实证研究的数据

数据收集经过调查问卷预测试和调查问卷正式测试2个步骤。其中预测试的目的是要检验各问卷题项的表述是否清晰、明了、无歧义。预测试问卷共发放49份，通过询问被调查者确定预测试问卷的各问题表述清晰无误后开始发放正式问卷。正式测试中采取两种方式发放问卷：第一种方式为聘请成都市圆融源咨询公司发放问卷500份，要求问卷发放的过程中做到样本选取的随机性。第二种方式为选取成都市中心、城东、城南、城西、城北、高新区、天府新区各2个小区，郊区1个小区，共13个小区500户左右，进行入户调查。本次问卷发放中，共回收问卷889份（包括成都圆融源咨询公司回收的问卷452份），有效问卷868份，无效问卷21份，有效问卷率为97.6%。其中样本的基本特征如表2-2。

表2-2 被调查者个人基本情况

| 变　量 | | 频　数 | 百分比/% | 累积百分比/% |
|---|---|---|---|---|
| 性　别 | 男 | 449 | 51.8 | 51.8 |
| | 女 | 419 | 48.2 | 100.0 |
| | 合计 | 868 | 100.0 | — |
| 年　龄 | 20岁及以下 | 46 | 5.3 | 5.3 |
| | 21～35岁 | 292 | 33.6 | 38.9 |
| | 36～45岁 | 265 | 30.5 | 69.4 |
| | 46～59岁 | 199 | 22.9 | 92.3 |
| | 60岁及以上 | 66 | 7.7 | 100.0 |
| | 合计 | 868 | 100.0 | — |

| 变　　量 | | 频　　数 | 百分比/% | 累积百分比/% |
|---|---|---|---|---|
| 月平均收入 | 1 000～3 000 元 | 165 | 19.0 | 19.0 |
| | 3 001～5 000 元 | 288 | 33.3 | 52.3 |
| | 5 001～10 000 元 | 239 | 27.5 | 79.8 |
| | 10 001～30 000 元 | 116 | 13.4 | 93.1 |
| | 30 000 元以上 | 60 | 6.9 | 100.0 |
| | 合计 | 868 | 100.0 | — |
| 教育水平 | 高中及以下 | 272 | 31.3 | 31.3 |
| | 大学专科或本科 | 491 | 56.5 | 87.9 |
| | 硕士及以上 | 105 | 12.1 | 100.0 |
| | 合计 | 868 | 100.0 | — |

从表 2-2 中被调查者个人基本情况的统计来看，本次被调查者性别分布相当，男性 51.8%，女性 48.2%。年龄集中在 21～59 岁，占总体样本的 87.0%。月平均收入为中等收入群体，其中月收入 3 001～5 000 元占总体样本的 33.3%；月收入 5 001～10 000 元占总体样本的 27.5%。教育水平也主要集中在大学专科或本科阶段，占总体样本的 56.5%。

### 3. 数据的实证分析技术

对住房消费的实证分析将从对问卷数据与资料整理入手，通过对被调查者个人基本情况、住房消费价值观、住房消费审美观和住房与身份认同的调查，以期得到成都市住房消费情况的第一手资料，进行客观、严谨的科学分析。

对问卷数据进行分析的工具为 SPSS11.5。调查问卷回收后，笔者对问卷进行了整理和数据输入，建立了数据库。数据的分析过程结合各章节的研究需要，分别对数据进行信度分析、因子分析、方差分析和卡方检定。

信度分析，主要用于检验调查问卷的结构与题项是否具有可信度。在检验问卷题项的信度方面，常用的信度指标有三类：稳定性（Stability）、等值性（equivalence）和内部一致性（internal consistency）。其中稳定性指标常用于实地研究中的直接观测法，问卷法则不适用；等值性指标是考虑不同观测者对同一测试项目（如问卷法中的问题）造成的测试差异。观察预测试中不同被测者对问卷中同一问题的回答有一定共性但也有显著差异，对各个问题的统计的标准差从 0.43 到 1.51 不等，这将有利于发现和分析问题。信度检验的第三项内容是观测问卷问题间的内部一致性。内部一致性关注不同问卷题目所带来的测试结果的差异，不同问卷题目得出同样的测试结果便符合内部一致性。内部一致性指标在问卷观测法中经常用到，其中克仑巴其（Cronbach）α 系数法常用于定距尺度的测量问卷，此处将用此法来检验测试问卷的内部一致性。样本问卷的信度检验此处用内部一致性（internal consistency）和克仑巴其（Cronbach）α 系数检验法完成。

因子分析，作用在于寻求数据的基本结构，析出的因子大致反映出数据的本质特征，用以考察影响住房消费行为的主要因素。在对住房消费价值观进行分析时，本研究使用了 9 个题项，即 9 个观测变量。这些问题分别涉及住房消费价值观的不同方面、不同过程，使我们获得了大量数据。但这些问题之间可能存在相关性，这意味着表面看来彼此不同的观测数据，并不能从各个侧面反映事物的不同属性，而恰恰是事物同一种属性的不同表现。由于这种相关性，观测数据所反映出的事物本质并没有观测数据本身多。为了探求住房消费价值观的关键要素，将使用因子分析法对 9 个观测变量提取共同因子，以达到用较少的综合指标概括存在于大量观测数据中的大量信息，而综合指标之间彼此不相关，各指标代表的信息不重叠。

方差分析，主要用于考察连续型变量和类别型变量之间是否存在一定关系，在相应章节中分析被调查者的个人情况（如月平均收入等）与其住房消费状况（如住房来源）两者之间是否存在一定关系。

卡方检定，主要用于考察两种类别型变量（如受教育水平与住房来源）之间是否存在一定关系。

# 第三章 消费文化对物质空间的重构

　　过去的 30 多年间，在中国社会转型的背景下，成都居住空间发生了巨大的变迁，在城市现代化变革的急流中呈现出艰难的选择——传统与现代、中国与西方、传承与遗弃。在这充满张力、无序、解构、调适、重组的变迁过程中，成都住宅从混乱到有序，逐渐走向成熟，向人们展示了一座城市的过去、现在和未来。

　　本书从成都市住宅最具代表性的三个方面对 1988 年至 2019 年共 31 年的数据变迁进行解读：

　　首先，从住宅区域变化来看，改革开放以来，市场经济的发展推动了城市职能由以政治为中心向以经济为中心转移，原有的以政治—权力结构为中心的城市布局、城市规划已无法适应新的社会发展。因此，近 30 年来成都城市的改建、扩建、重新规划导致了居住社区地缘的变迁。

　　其次，从住宅形态、功能、结构的变化来看，成都住宅发生了根本性的改变。人们对于住宅的追求从最初的满足最基本的生活需要到追求更高的生活享受，对生活品位、文化氛围、配套设施等方面的追求不断完善，显示出居者的成熟化程度逐渐提高，原来单位制下统一的、单一的住房形态被打破，出现了多元、分化、复杂的变迁，各种住房形态在成都市场上纷纷出现，并将随着住房市场对消费目标群的细分进一步分化。

　　最后，从住宅建筑风格的变化来看，随着人们对生活品质要求的提高，住房设计技术突飞猛进，设计理念不断更新以满足住房市场的需求，带动了成都市住宅建筑风格的发展变迁，使成都住房经历了从混乱到有序的过程，逐渐进入成熟阶段，逐步形成当前的特色和格局。

## 第一节　住宅区域的变迁

### 一、1988—1998 年

随着改革开放的深入，地处内陆的成都也进入了快速发展的时期，不管是城市经济的发展还是城市建设的发展都相对有了很大的提升和变化。该时期分为两个发展阶段，一个是 80 年代末以政策改革和旧城改造为动力的起步期；另一个则是进入 90 年代以后以交通建设和市政配套建设为动力的发展期。

#### 1. 20 世纪 80 年代末

20 世纪 80 年代初的成都，主城区范围仅为东城和西城，环线建设仅有一环路。以电子工业为代表的成都东郊工业区是城市的核心区域，成都市民大多居住在一环内，主要以单位修建的职工住宅和居民平房为主。

1984 年，成都市政府颁布了《成都市新建住宅补贴出售试行办法》，向个人公开预售住宅，进行补贴售房、租赁保证金、发行住宅债券等方面的改革探索。迄至 1986 年，全市共补贴出售住宅 3 000 余套，面积 15 万平方米。1987 年开始在部分单位以"提租补贴、自求平衡、封闭运转"的方式进行房改试点。1988 年，市政府在总结前段房改探索工作经验的基础上，制定了《成都市住房制度改革试行方案》，本着"统一政策、自求平衡、分批实施"的基本要求，以干道建设带动住宅建设，结合旧城改造，综合开发住宅区，实行统一规划，多渠道集资，多种形式建房，同步安排附属设施和商业网点。从大、中型企业起步，逐步扩大改革范围，迄至 1991 年上半年，全市城镇已有 877 个单位进入了房改序列，涉及 33 万名职工及家属，住房建筑面积 732 万平方米，约占全市职工住房总数的 1/5。

图 3-1　八里小区

图 3-2　抚琴小区

图 3-3　青羊小区

到 1989 年，在城市各区域，沿一环路沿线均匀分布形成了 10 万平方米以上的住宅区 13 处，包括肖家村、劳动人民新二村、水碾河小区、马鞍小区、抚琴小区、青羊小区、新华居住区等。小区的配套设施齐全，有中小学、幼儿园、营业用房、医院门诊部、公安派出所、街道办事处、房管所、消防队等。住宅类型及户型基本一致，户平均建筑面积为 53 平方米，实现水、电、气到户。截至 1991 年，建成 10 万平方米以上的住宅区共 16 个（包括原来的 13 个），住宅面积达 441.04 万平方米，占全市建筑面积的 11.66%。

### 2. 1991—1998 年

90 年代以后，以交通建设和市政配套建设为动力的发展使成都市面貌发生了较大变化。二环路、新华大道建成；人民南路、府南河改造工程启动，成都住宅开始向一环路外延伸，在一、二环之间，甚至在二环路外形成了大量的居住小区，出现了最早的商品房小区，如"五大花园""棕北小区""棕南小区"及"锦绣花园"等，社区配套完善、商业成熟的大规模居住社区玉林小区也在该阶段初具雏形。

这一时期，住房制度改革不断深入，1991 年 12 月 6 日，《成都市住房制度改革规划和实施方案》正式公布；1994 年 7 月国务院发布了《关于深化城镇住房制度改革的决定》；1995 年成都市政府出台《成都市职工购买公有住房实施办法》。这些政策转换了住房机制，建立了新的住房制度，单位按成本价和标准价向职工出售公有住房，住房逐步向商品化过渡，市民居住条件迅速提高。

这一时期城北作为成都的交通枢纽，城市配套相对比较完善；城东是老成都的工业中心，有着统一设计的大片职工宿舍，同时由于二环路和新华大道的建成，城东的交通非常方便，可以说城东是当时居住条件最好的地区。随着人民南路的修建，城南的居住价值也不断提升，位于大型居住样板区——玉林片区的棕北、棕南等社区配套完善、商业成熟、交通便利，学校、商场、医院、幼儿园、休闲娱乐场所、餐饮场所和运动体育场所一应俱全，综合条件优于其他早期开发的大型社区，时尚、休闲的生活氛围代表了成都的生活方式。

图 3-4　棕南小区

## 二、1999—2004 年

　　1999—2004 年，是成都发展速度最快的时期，市区面积不断向外扩展，城市格局与之前相比有了很大的变化。2002 年 10 月 28 日，全长 51 千米、幅宽 80 米、投资 66 亿元的三环路全线开通，这是成都市城建历史上投资规模最大、通车里程最长、设计标准最高、建设速度最快的一条城市快速通道。伴随着三环路的开通，两侧的新楼盘如雨后春笋纷纷拔地而起。到2003 年，成都户籍人口突破 1000 万。2004 年，成都人均住宅建筑面积为25.12 平方米，位居全国第 12 位。

　　历时 5 年、总投资 27 亿元的府南河整治工程顺利完成，不仅解决城市防洪、城市水污染、城市基础设施落后以及两岸 3 万户 10 万居民的安居问题，而且带动了整个城市基础设施建设、城市环境建设、城市生态建设的综合建设，对促进城市人类住区的可持续发展有着深远的影响。

　　总投资超过 10 个亿、全长 12.5 千米、全线宽 60 米、绿化带 20 米、双向八车道的天府大道于 2002 年 1 月 1 日正式通车。天府大道的开通大大加快了城南国际化的步伐，带动了南沿线周边城市建设和相关区域住宅建设的高速发展。

　　1998 年，中央正式停止已经实行了 40 多年的"福利分房"，实行货币化分房的政策。次年，住房按揭贷款开始走进人们的生活。在住房政策以及城市建设的带动下，成都掀起房地产开发的高潮。该时期，城南是成都开发的主要阵地，是最成熟、最完善的居住区域。城西也开始发力，得天独厚的区位优势、环境优势，加上严格的规划和逐渐成熟的配套使这一片区成为成都市的高品质社区聚集地，形成了以中海名城、银都花园为代表的紫荆小区，以置信丽都花园为代表的双楠小区和以杜甫草堂为核心的浣花风景住宅区，城南、城西的居住格局基本形成，而80年代的核心区域城东与城北因为城市建设的滞后，配套设施建设跟不上市场发展而逐渐边缘化，城市区域发展的差异和分化逐渐加大。

## 三、2005—2011 年

随着城市化进程的加快，成都市区面积不断扩大，到2005年，成都全市面积达 12 390 平方千米，东西长 192 千米，南北宽 166 千米，辖有 9 区、4 市、6 县。其中9区包括锦江区、青羊区、金牛区、武侯区、成华区、龙泉驿区、青白江区、温江区、新都区，4市为都江堰市、彭州市、邛崃市、崇州市、6县为金堂县、双流县、郫县、大邑县、蒲江县、新津县。

该时期，城市近郊区与城区的距离越来越近，联系越来越紧密，住宅郊区化的趋势越加明显。华阳片区随着南延线、元华大道以及地铁一号线的相继建成和市政府办公大楼、领馆区的建成使用逐渐发展成为成都最时尚、经济发展最强势、金融商业最集中的城市高新区；温江片区因为光华大道的建成通车、成青快速通道的建设、花博会的顺利召开也快速崛起。在这段时期，城东和城北因为沙河整治工程、北新大道、成龙路工程的顺利实施，工业区的大规模外迁，市政设施和居住环境也得到了很大提升，但城市各区域的差异仍在进一步加大，城南、城西与城东、城北的住宅无论在价格还是档次上的分化都十分显著，形成城南、城西以高档公寓为主；城东、城北以中低档住宅为主的市场格局。

## 四、2012—2019 年

2019年，成都市总面积达 14 335 平方千米，常住人口 1 658.1 万人，城镇化率 74.41%。这一时期，高新区已发展成为成都市政配套最好同时也是房价最高的地区。这里的繁华已不落后于北京上海深圳，成为成都新的标志和名片，拥有一套金融城的高档住房成为许多成都人的梦想。

随着成都向南迁的总体规划的实施，作为第 11 个国家级新区，天府新区是在再造一个新成都的思路下规划和发展的。天府新区将被建设成为以现代制造业为主、高端服务业聚集的国际化现代新城区。公园城市的定位使其区别于老成都，新区里建设用地只占 40%，生态用地占据 60%，打破了传统"摊大饼"的发展模式，形成多中心组团式布局和城市与自然有机融合的崭新的城市形态，进一步提升成都的宜居舒适度。到目前区域房产均价已超过 2 万。

## 第二节　住宅形态的变迁

32 年间，伴随着经济的发展，成都市住宅也经历了四个阶段的变革。从低矮的平房、老式四合院、"火柴盒"式的楼房到电梯公寓、花园洋房、别墅；由过去的砖木、砖混结构变为全框架式结构；从仅仅满足基本的生活需要到追求更好的生活配套；从"全国雷同"到居住需求和形式分化……既体现了时代的变迁，也体现了人们生活水平的不断提升。

### 一、1988—1998 年

20 世纪 80 年代，由于成都城区面积很小，居民住宅供应量有限。城区内的住房形态主要有两种：一种是位于市中心区的旧式住宅，有平房、一楼一底的瓦房和小四合院三种，这些老式住宅没有统一的规划，都是个人自主修建而成；另一种是位于一环路沿线的多层住房，主要是干道指挥部和单位修建的宿舍。

#### 1. 旧式住宅

平房：一般都是黑瓦、水泥砂浆墙面、木料房梁等建筑外观，内部结构结构不甚合理，大多数是一室一厅，面积一般为十几平方米一间，一般10来户人家共用一个卫生间和一条走廊。

图 3-5　市中心的老式平房

　　四合院：房屋低矮，街面狭窄，店铺密排连接，形成街内格局的独门深院。青砖墙，高门楼，花墙裙，门墙高大，家家三合二楼庭院。宅院分上、中、下房，三面环墙，设三道门，既有南方川西民居的特色，也有北方满蒙文化的内涵。这种四合院一般都是中华人民共和国成立前遗留下来的老房子，一个院子里聚居着十来户人家，非常狭小拥挤。

图 3-6　位于宽窄巷子的四合院

## 2. 单位宿舍

20世纪80年代末90年代初中期，为了尽快解决城镇居民住房困难的问题，国家鼓励单位集资修建住房，由政府对土地进行行政划拨，单位牵头建设，组织临时的建设小组，建设集资房，主要有两种形态："火柴盒式"的集体宿舍和单位集资房。

集体宿舍：典型的"兵营式""火柴盒式"的建筑，一般为5或6层砖混凝结构楼房。建筑形态方正、单一、呆板，无建筑风格，无小区环境，无配套设施，外观多为灰、白、红色；居室功能不齐全，没有客厅、卫生间；私密性很差，多成组布置，每组规模不大，每组或若干组居室设有盥洗室或卫生间；每幢宿舍设管理室、公共活动室和晾晒空间，居民的生活很不便。这种单位修建的集体宿舍占地面积不大，容纳能力较强，仅仅能满足日常起居。

图 3-7　城北老居民楼

单位集资房：五至六层的砖混结构板式楼房，大多为中小套型的住宅，室内结构设计简单、实用，有独立的厨房与卫生间，功能分区合理、紧凑，能较好地满足使用要求，体现了"占地不多，环境优美"的设计思想和合理的内部功能规划。厨房、卫生间是住宅的重要组成部分，其设置从一个侧面反映了居民生活水平和现代文明居住程度的提高，这一点较单位集体宿舍有了很大改进。

图 3-8　青羊小区

## 二、1999—2004 年

随着成都经济的快速发展和城市化进程的加快，城区基础设施和公共设施日趋完善。商品房成为市场主流，住宅形态也随之丰富起来，开发商开始注重楼盘的户型设计、建筑风格、环境塑造等综合品质，出现了以多层住宅为主，电梯公寓、花园洋房、联排别墅、独栋别墅等形式并存的住宅形态。

### 1. 电梯公寓

成都最早的电梯公寓——天府花园出现在 1992 年。1995 年左右出现了棕南一期、太升、天祥、泰华、万和苑等电梯住宅项目。这些电梯公寓规模都很小，通常是一梯多户，有的甚至是通廊式设计，一层楼有十几二十户，最多达到三十至四十户；结构多为塔式结构，通风采光效果差；居家与商业功能混杂，缺乏园林景观和人文关怀，居民社交活动不便，市场反应冷淡。

图 3-9　万和苑　　　　　　　图 3-10　太升大厦

## 2. 花园洋房

1997 年 3 月开工, 1999 年开始入住的银都花园第一次在成都提出了创造一个花园洋房式高尚住宅小区的理念。小区周边配套较为完善, 购物、交通便利; 建筑以三至六层的多层住宅为主, 面积 103～284 平方米。这种建筑形式容积率低、绿化率高, 有足够大的楼间距离, 有大片绿地的广场和饶有情趣的园林小品, 整体布局自然流畅, 错落有致, 环境舒适而宁静, 使业主拥有"开窗见景"的私家花园式休闲生活和大众化的社区活动, 消费群通常是中高收入人群。

图 3-11　银都花园

2001 年以后，万科城市花园、大华情融苑、中海名城、锦官新城、边城水恋等相继推出花园洋房，都成为成都楼市的热销精品。

### 3. 别　墅

顶级的住宅类型，有独栋别墅和联排别墅两种形态。独栋别墅在结构上是完全独立的建筑，而联排别墅在结构上有一面或两面墙是与他人共用的不完全独立的建筑。别墅多位于市郊区域，其主要特点：① 造型外观雅致美观，独幢独户，庭院视野宽阔，花园树茂草盛，有较大绿地，依山傍水，景观宜人，使住户能享受大自然之美；② 内部设计得体，厅大房多，装修精致高雅，厨卫设备齐全，通风采光良好；③ 有附属的汽车间、门房间、花棚等。此时的成都别墅产品开发理念落后、居住周边大环境不佳，基本上集中在城南和城西的城市边缘地区，有锦绣花园、交大花园、武侯花园等。

## 三、2005—2011 年

随着人们收入水平和生态意识的提高，人们对居家有了更高的审美情趣，对居住的环境、空气、阳光及私人空间有更高的要求。同时，由于土地资源的稀缺性，成都开始推行向高密度发展的规划，使得在三环以内的中心城区，高层电梯住宅逐步代替多层住宅，成为成都主城区内住宅物业的主要建筑形态。

### 1. 电梯住宅

开发理念以人为本，采用板式结构、空中花园的设计，区别于传统的电梯公寓，解决了电梯住宅的通风采光和居住环境等问题，结合电梯住宅视野高远的优势，最大限度地将花园洋房的自然性、舒适性、开阔性移植至高层住宅之中，实现了"高层洋房化"，打造出一种前所未有的空中花园洋房式风景生活。这样的电梯公寓既保证了土地使用最大化，又保证了适度的楼间距用于绿化或公共设施配套，更易形成居住建筑的特点和氛围，大大提高了生活和居住的质量。尤其是板式结构的电梯公寓，采光和通风都极为优良，楼间距宽敞，园区景观丰富美丽，而且楼盘坐落于市区繁华地段，周边交通便利、配套设施完善，是大部分改善型住房的首选。

图 3-12　中海格林威治外观

　　另外，高层电梯公寓也不再是传统意义上纯居住用途的单一建筑，而是集住宅、商业、写字楼等为一体的城市功能综合体小区。如上海花园四排小高层建筑沿着规划的五星级酒店分布展开；首座将著名的豪生酒店变成自己楼盘的商业配套；壹号公馆推出了私人豪华会所；天鹅湖花园将会展中心、高级酒店、写字楼、老洋房商街融为一体，以"住宅+酒店+商业"的复合地产开发模式，将居住、办公、商务、出行、购物、文化娱乐、社交、游憩等各类功能高度集约，形成新的街区建筑群体，这种建筑形态正在成为一个国际化城市中心区的鲜明特征。

图 3-13　天鹅湖花园外景

## 2. 花园洋房

花园洋房就是六层以下的带电梯的低密度板楼,这种房型主要针对中上层消费群体而修建,满足了他们既想要拥有市区繁华便利,又希望享受低密度高绿化的舒适住宅环境。景观好、绿化率高是这类住宅的特点,可以为住户提供开放式的生活方式,这是与电梯高层不一样的地方。周边配套较为完善,购物、交通、医疗、教育等一应俱全,这是它和别墅最大的区别。花园洋房的住房定位一般是高收入家庭,直到 2019 年,花园洋房的房价仍然高居龙头地位,有的楼盘单价甚至超过别墅,受到市场的热捧。该时期出现的万科魅力之城、翡翠城、仁和春天花园等都是典型的代表之作。

图 3-14　翡翠城花园洋房

## 3. 别　墅

2005 年到 2010 年成都市场进入高速发展阶段,别墅占成都市房地产开发当年总量的 38% 左右,且每年以 1.2% 左右的速度递增,成为楼市重要组成部分。在"量"的迅猛增长过程中,成都别墅也在发生着"质"的变化,从城市别墅到郊区豪宅,从德式风情到高尔夫主题,越来越注重别墅的品质、品位,既追求享受高尚优雅的生活品质,也非常注重日常起居的实用与效率,为新一代中高端客户提供了奢华的生活环境,代表作有金林半岛、清华坊、麓山国际等。

其中，位于浣花溪自然风景保护区核心地段的金林半岛是为数不多的市内别墅。金林半岛占地 140 亩，容积率 0.87，绿化率高达 50%，位于城西寸土寸金的二环路内侧。别墅区被浣花溪从西南北三面拥抱，形成了美妙的半岛风光，与杜甫草堂一溪之隔，曾获得中国建筑艺术奖社会贡献奖；杜甫草堂、万树园、白鹭洲、梅园与其挽臂相依，使这里拥有着千年珍贵的文化氛围和茂密的植被绿化，成为成都最珍稀、最昂贵的居住地之一。

在户型的设计方面，该时期的别墅具有以下特点：

（1）追求落地大玻璃窗、玻璃外墙、玻璃天窗，使光线可以自在游走，与单跑楼梯的结合可令室内形成变化丰富的光影效果。

（2）宽敞的内庭院是室外生活的核心，可设计成花园或室外餐饮空间。

（3）超大开间全明客厅，风景尽收眼底。客厅、餐厅、厨房为开敞式，极简主义设计，业主可以根据自己的意愿来安排室内的空间。

（4）豪华主卧包含书房、衣帽室、卫生间、一步阳台 90 度拐角露台，在彰显气派的同时更加注重实用性与舒适度，使人能充分感受到更多层次的生活享受。

## 四、2012—2019 年

随着国际城南的建设完善，以及成都向南向东方向的整体发展，成都高新南区、天府新区涌入大量人口，尤其是高新南区已成为成都人口最密集的区域。该时期，由于土拍价格节节攀升，除了极少量房地产公司 2005 年以前取得的土地用于别墅和花园洋房的开发，几乎全部新开发的都是高层电梯住宅。只是由于政府限购政策，出现了针对无房人群的"刚需"进行摇号购房的普通高层电梯公寓，以及针对有资格且家庭富裕的"顺销盘"两种类型，市场呈现两极分化。

### 1. 普通电梯住宅

容积率高，都在 4.0 以上，开发理念为土地使用最大化，以满足基本住房需求为目的。一般都是一梯6户或8户，户均面积120平方米左右，"品"字结构，楼间距窄，绿化面积小，配套基本完善，周边交通便利，售价1.5~1.8万元。

### 2. 高档电梯公寓

成都限购之后，尤其是2016年以后，高新南区和老城区基本没有土地出让，新开发的楼盘大多集中在市区边缘地带或者天府新区。高档电梯公寓基本都在天府新区西侧。这类型住宅景观好、绿化率高，周边配套较为完善，精装交付，带有宽敞的景观大阳台，一梯两户，甚至一梯一户，户均面积都在200平方米以上，也就是所谓的"大平层"。建筑外观偏向北美和欧洲风格，小区公共绿地很大，配套极高，建筑尺度上充分考虑人性化的设计，体现为两低一高，两低是指户数低、密度低，一高是指高舒适度。这类楼盘中最有代表性的是麓湖生态城的高层电梯公寓，麓湖澜雨溪岸清水房的最高成交价高达900万元一套，远远超过同类型产品。

图 3-15　麓湖澜雨溪岸

### 3. 别　墅

该时期开发的别墅，由于土地资源稀缺，因此都是造价极高的，在景观和建筑设计上都采用最高档的配置，把空间美学和舒适居所完美融合，创造出既是生活又是艺术的生活方式，是消费主义完美的呈现之所。这类别墅项目占地面积大，独立成为一个与外界隔离的"孤岛"或"飞地"，安保措施严密，外界很难一窥其貌。比如麓湖生态城引入了水上城市的概念，有九处水域，水域面积约 2.6 平方千米，由南京中科院生态研究所进行生态工程原理的设计和建构，多种动植物构成了一个自我循环和净化的水生态体系。每一栋独栋别墅都临水而建，不但拥有大面积的私家花园，还有专属"码头"，可以停泊自己的游艇。

## 第三节　住宅建筑风格的变迁

建筑既有满足人类居住的实用功能，也是一门具有无穷魅力的艺术，它不仅与自然科学和技术问题相关，而且和人类的生活及社会文化紧密地联系在一起，是人类文化、艺术与历史的重要组成部分。建筑的艺术性集中体现在建筑风格上，风格即风度品格，体现创作中的艺术特色和个性。不同建筑风格和流派的产生、发展和变换，与相应时期的绘画、造型艺术，甚至文学、音乐等的风格和流派互为渊源并相互影响，既是建筑艺术历史文脉的延续和发展，又代表了不同时代的文化思潮和地区特点。每一种典型风格和流派的形成，都是当地的人文因素、自然条件和创作构思的共同结果，一旦形成，便能或积极或消极地影响文化、艺术以及诸多社会因素。

住宅建筑风格包括房屋建筑外观与室内设计风格、建筑园林景观风格、户型布局风格等几方面。30 多年来，随着房地产开发市场的发展，成都住宅建筑发生了巨大的变化，从最早的简易楼到现在形式多样的楼盘，从毛坯房到精装修，从拥挤狭小到现在的和谐人居，成都住宅走过了一条从单纯满足居住要求到逐渐追求住宅品质的道路，总的说来大致历经了四个阶段。

### 一、1988—1998 年

20 世纪 80 年代末、90 年代初，成都住房主要以统建办开发的楼房为主，多为单位集资建房，开始了住宅的"工业化""标准化"批量生产的时代。当时国内的住宅设计开始学习国外以柯布西耶为代表的包豪斯学派的现代风格，强调建筑的实用性和经济性，重视功能和空间组织，崇尚合理简洁的造型和构成工艺。由于当时国内的建筑材料、工艺水平及设计手法有限，很多功能被省略，只保留了最基本的一些元素，这使得当时住宅产品在功能性和美观性上的价值均无法体现。

由于长时间面临的住房紧缺和拥挤，加上中国单位福利分房的体制，人们对房屋的内部居住功能性和外部的审美性的要求都不高，住宅建筑无论是外观还是色彩都比较单调，主要以灰色和红色为主，绝大多数住宅产品都是五六层的板楼，外立面的质地多为涂料，而外观设计基本一样，都像从一个模子里刻出来一样，可以说是千楼一面。

## 二、1999—2004 年

随着个人购买力加强，房地产市场逐渐活跃起来，住宅建筑外观开始受到购买者和开发商的重视，流行于欧美的后现代主义建筑风格被大量拷贝到成都房地产市场，一时间以欧式风格为代表的洋派建筑风靡全成都。源于美国的后现代主义建筑风格以大众文化为依托，强调建筑的历史延续性，但又不拘泥于传统的逻辑思维方式，以探索创新的造型手法，讲究人情味和个性，吸取古典形式的部分构件，以抽象的形式重新夸张、变形地组合在一起，即采用非传统的混合、叠加、错位、裂变等手法和象征、隐喻等手段，以期创造一种感性与理性、传统与现代、大众与高雅于一体的，"亦此亦彼"的建筑风格。一方面，这股"欧风"带来的设计风格改变了此前千篇一律的建筑形式，给人耳目一新的感觉，给刚刚开始追求生活质量的成都人营造了一种具有强烈的"现代性"的乌托邦语境；另一方面，由于国内设计观念和技术仍然滞后，房地产市场化程度较低，大部分开发商不懂建筑美学，还没有形成真正的规划、设计理念，这种对后现代主义的刻意误读和简单移置，使成都出现了大量缺乏个性、随波逐流、粗制滥造的住宅项目。

这个阶段也可以说是众多建筑设计流派起步的时期，粗略地概括，有新折衷主义、通俗建筑、新传统主义、新主流建筑、新历史主义和新现代主义六种趋向。住宅并不关心建筑的人文内涵，而是追求更直观、图像化、实用性的视觉冲击。比如 2000 年建成的雅典国际社区，标榜"再现古希腊精神的经典巨作"，小区喷泉雕塑是驾着马车的古希腊雕像，但建筑主体风格融合了巴洛克建筑风格和现代风格，房顶装饰成具有明显欧洲哥特式建筑风格的尖塔形式，显得矫揉造作；2002 年建成的青青河畔，具备现代主义的部分特征，又隐含着柱式造型的古典主义气质，但表现力度不够张扬，其他建筑元素方面没有展现出相应的风格特色；还有一些住宅将中国建筑的传统特色引入作品中，却仅仅停留在青瓦楼顶或雕龙房檐上，整体效果不土不洋、极不协调。

图 3-16　雅典国际社区

该阶段，成都房地产业进入成熟的产品时代，在开发运作上走的是一条完全商业化的路线，迎合市场口味、满足特定消费群体的需求已经成为房地产的一种趋势。开发商越来越多地关注住宅的内在品质和建筑外观，住房的风格化不仅仅是开发商或者设计师本人对地块属性的一种追求和理解，更多的是用不同住房标准、平面布置与类型的多样组织来满足不同收入、类型、年龄与生活模式的家庭生活要求。同时，随着人们审美和建筑品质结合层次的逐渐深入，人们对建筑外观的需求从建筑的求新求洋的视觉追求向文化层面过渡，要求不同建筑风格体现出不同生活方式。比如，新古典主义建筑外观设计，将古典文化厚重、奢华的特点体现在建筑设计上，适合追求高雅与豪华生活方式的人群；欧美原创主义文化风格则将一些欧美文化特点渗透到建筑元素中，比较适合崇尚时尚、舒适、休闲生活方式的群体。

随着房地产市场的发展和人们对居住舒适度、居住文化品位要求的不断提高，开发商、设计师、消费者对建筑外观造型、风格取向的要求进一步加深，从而形成了住宅建筑设计风格多元化、多样化的新局面。严格来说，这仍然是对历史语言的商业主义挪用和类型学意义上的抽象重组，对建筑风格的强调和文化意蕴的强化，都是将自己区别于其他楼盘的产品细分手段，是迎合大众文化审美趣味的、深思熟虑的商业主义促销策略。

### 1. 电梯公寓

这一时期，成都市内的电梯公寓仍沿袭上一阶段的现代风格，但工程技术和设计水平已相当成熟，缩小了与国外的差距，风格设计趋于稳定、成熟，出现了一大批热销的楼盘，比如郫江峰阁、中海格林威治、鹭岛国际社区、优品道等。这些住宅以"现代、简洁、品位"为核心，体现出现代主义造型严谨、线条简洁的特征，强调功能使用、园林生态的均好性，给人大气磅礴的感觉，缔造出一种现代化的、时尚的、舒适的美学生活态度。

图 3-17　濒江峰阁外观

## 2. 别　墅

这一时期，随着城市经济的发展和人们生活品质的提高，成都别墅的发展可谓"一日千里"，出现了山水别墅、森林别墅、度假别墅、经济别墅、都市别墅等各种类型，其价值的关键是交通和自然景观。当前，成都别墅建筑风格具有典型的新折衷主义、新传统主义、新历史主义倾向，多样化的、混合的、兼容并蓄的建筑类型拼贴、混杂在一起，建筑外观和细节都很"审美"。这种建筑风格置换和移植了时空场景，模拟了一种与任何现实都没有必然和直接关系的"无地空间"，为高消费群体营造和建构出一种虚幻的、奢华的、主题公园式的消费文化情调和空间神话。

图 3-18　麓山国际独栋别墅

比如，麓山国际以欧式风格为主，常有多弧形的墙面、立柱支撑的门廊、红瓷瓦屋顶，屋檐朝两侧外伸，户内有庭院，门廊和窗多呈拱形。该类型别墅致力于营造和睦、舒适的生活场景，将欧式田园生活融入现代小区，在风格上追求既拥有典雅、端庄的气质，又具有明显时代特征的设计方法和美学观点，将异国的浪漫情怀与现代人对生活的需求相结合，反映出对西方文化的后现代化的读解方式。

清华坊、芙蓉古城，结合了北京四合院、川西民居、徽州民居的特点，综合提炼出各地民居的典型特征加以再创造，并以现代建筑的构成方法拼贴重构成浓郁的中式风格。清华坊的建筑外观朴实、内敛、含蓄，建筑体型错落有致、灵活多变，既继承传统，又展现了现代工艺与材料的魅力，而细部又不失精致，表现了人与自然的和谐关系与融合统一，是"新中式建筑"中较为成功的案例。

这一类新中式建筑是对本土文化的深入务实的探求，体现了对继承传统文化的努力。这种以传统和东方性为体认的激进折衷主义倾向，与文化理论界的东方主义和儒学复兴思潮相呼应，它一方面强化着对历史文化的弘扬，将现代住宅的功能硬性地编织在古典的、秩序的、均衡的空间里，有意与西方强势文化抗衡；另一方面又自我"异国情调化"，迎合了西方建筑界和国内时尚人士怀旧的审美情趣，模糊了历史与现实、过去与未来，其对传统外观特征的执着追求其实是对楼盘同质化的一种逃遁，这使得它对传统的理解和表述依然是浅表性的。

图 3-19　清华坊新中式别墅

# 四、2012—2019 年

该阶段，随着房价的不断上涨，成都房地产业进入限购时代。为适应新的市场需求，房地产开发公司开发出两类住房，来满足不同收入、类型的家庭生活要求。同时，随着地铁线路逐渐延长，人们的通勤时间和通勤距离大大缩短，4G 网络覆盖全国，智能手机普遍使用，人民的生活质量飞速提升，民族自信心和认同感也空前高涨，这样的变化也同步体现在居住空间的设计和美学追求上。

## 1. 普通电梯公寓

这一时期的普通电梯公寓一般采用简洁明快的现代风格，但工程技术和设计水平更加成熟，追求极简主义空间美学和实用主义原则，在有限的空间里巧妙地把绿化率、舒适度和居住所需的各项功能安排得"恰到好处"，使居住空间既体现时尚明快的元素，又满足舒适便捷的实用需要，折射出人们，特别是"80 后""90 后"对生活的诉求和定位。这种新的住宅建筑风格并不追求技术上新的形式或成就，而是把实用性放在首位，不会浪费每一寸土地或空间，是一种"理智"的美，关注空间的每一个细节，并将其延伸到设计中。

## 2. 高档电梯公寓

以高新南区和天府新区为代表的成都高档社区，是成都最美丽繁华的都市图景，象征着这座古老的城市焕发着时尚现代的生机和活力。高档电梯公寓把时尚大气的元素发挥到极致，大量运用后现代设计理念和新型建筑材料营造出低调奢华、高端舒适的居住环境，追求诗意而居、休闲逸致的生活情调和品质，满足高净值人群的审美趣味，为居住者带来岁月静好、安享生活的氛围和图景。建筑外观善于利用空间的形变与色彩进行设计，提倡简洁的线条和后现代风格，使得整个建筑更显灵动、轻盈、时尚；园区的绿化布局中强调人与绿化的参与和互动，顺应地势的道路相映成趣，充分利用生态园林的绿化方式，将光影、园林、流水作为视觉元素融入设计中，使人们的物质欲望在住宅空间里表现得淋漓尽致。

### 3. 别 墅

这是一个特殊的空间，是一个展现更高的审美追求的"飞地"。这里没有固定的风格，只有"美"。为了在有限的空间中显示高档和奢华，除了采用最昂贵的建筑材料外，在园林绿化中也把人居美学发挥到极致。这里寄托着高净值人群的理想和人生追求，用与众不同的建筑艺术和景观文化显示着居住者的高品质生活。

图 3-20　麓湖黑珍珠临湖别墅

最有代表性的是麓湖的黑珍珠临湖独栋别墅。麓湖采用极简的现代风格，又混搭了日本、韩国、东南亚等泛太平洋国家和地区的建筑精华，把西方的设计理念与东方的居住哲学完美融合，端庄之下释放着自由自信又浪漫的艺术气息。别墅人车分流，地面完全步行，多个社区花园和庭院景观小品完美结合，让人有了更多更安全的活动空间，几乎每个卧室都有阳台或者露台，并附带多个花园，居所完全与自然融合。

外立面极少使用涂料，大量加入石材、木材、金属等材质，赋予建筑沉稳内敛的气质和经得起时间磨砺的品质，金属坡屋顶的空气对流系统让建筑实现自身温度调节。超大开窗面采用 low-e（低辐射）双银中空玻璃技术，保证了隔热保温性能，单反射的特点又很好地解决了私密问题，让建筑变得更灵动，也让室外的风景进入房间，实现了景观与居所的有机融合。

## 第四节　小　结

这 30 多年来，随着住房制度的改革深化和城市建设的不断发展，成都无论是市容市貌等各类公共空间，还是市民个人的居住空间都发生了翻天覆地的变化。从居住区域方面来说，成都传统的以人民路为中轴，均衡分布的环形布局被逐渐打破，最早富裕起来的老火车站附近的北城和国有大型工厂密集的东城成为成都发展最滞后的片区，而随着成都向南发展的推进，高新南区和天府新区崛起，成为新的商业中心，代表着成都与国际接轨的新面貌、新气象；居住空间形态方面，从低矮的平房、老式四合院、"火柴盒"式楼房到拔地而起的电梯公寓、花园洋房、别墅，住房从仅仅满足基本的生活需要变为满足不同层次的住房需求；在居住空间的建筑风格上，从"全国雷同"的多层简易住房变为追求各种建筑技艺和风格。这些变迁既体现了时代的进步，也体现了人们生活水平的不断提升。

# 第四章 消费文化对居住认知空间的重构

认知空间指人们对社会、生活、文化等社会事实的认知、感受和意识，这种认识和感知正是社会文化形成的认识论前提。无论是以马克思主义为代表的政治经济学，还是以韦伯、帕森斯为代表的经典社会学，都强调认知意识和人的主体性在维持现存社会的稳定与推动历史变革中的作用。人的认知意识及主体性是意识形态建构的，意识形态的最终意义是以文化为支撑体系，在人们的生活中为他们提供据以理解自身生活的意义以及与现实的关系的观念系统。①从这个意义上来讲，社会控制的根本不是依靠政治、经济的强制手段，而是依靠公众对当前社会的道德、哲学解释的积极认同，即来自公众对目前的社会之合理性与正当性的认同，自觉地、自主地在思想和行动上与反映主导地位的阶级利益的意识形态文化系统保持一致。

以文化为支撑体系的观念系统，是人们在特定历史条件下，经过长期的实践和认识活动逐步积淀下来并经过升华的具有稳定形式的社会意识。这种"观念"一经形成，便对人们的实践和认识活动起引导、规范和调节作用，反作用于人们的社会实践。学者庞朴认为，文化整体上是一个立体的系统，其由表及里分为三个层次：外层是人工创造的物质世界；中层是理论与制度；核心层则是以价值观为中心的文化心理部分，这是决定文化类型特征最关键的一层，包括价值观、审美观、道德情操、宗教信仰等各

---

① 陈昕：《救赎与消费——当代中国日常生活中的消费主义》，南京：江苏人民出版社2003年版，第10页。

种范畴，其中，价值观和审美观是最为核心的，同时也是文化变迁中最难发生变化的范畴。在文化变迁的过程中，如果价值观和审美观系统发生了根本的变化，那么这个文化系统的生命力也就终止了。①因此，当我们试图理解和解释某一个文化体系以及这个文化体系中的文化现象时，首先就要对其背后起支配作用的价值观和审美观予以把握，否则，任何理解都将是肤浅和片面的，任何解释也都将是想当然的。所以，要考察当前中国居住空间的变迁，就必须从当代中国人的居住价值观和审美观角度出发展开探讨。

## 第一节　消费文化对居住价值观的重构

价值观（values）是文化体系中全部价值理想和价值判断标准的总和，说到底就是关于"过一种什么样的生活"和"生活的意义到底是什么"的观念和态度。价值观，本质上不是自然的或动物性本能的体现，而是人类文化实践的产物，是人类主观的、有意识的建构。人类个体行为与思维的动机、内容、方式、目的等，无不受到价值观的驱动与左右，否则，所有思维与行为都将无法发生，人类社会也就无法形成。因此，价值观是文化体系的灵魂，是构成文化体系特征的"元因素"，人类各种文化体系间存在的差异，其实质就是价值取向和价值规范的差异。②

价值观属于哲学层次的观念，它反映的对象不是一般客体，而是客体和主体需要的关系，即价值关系，它是人们在实践基础上对于价值关系的认知和表现。价值观的形成首先是价值认知的结果；其次，价值观的形成还有赖于人们对生活实践的体验。人们的实践活动总是遵循着某种价值尺度，它使人们认识到现实世界的现象、事物、事件和过程对于社会行动的主体的生命活动具有何种意义，这种态度和经验经过长期的积淀就形成相

① 何晓兵：《价值观概念的界定——大陆电视音乐传播的价值观分析》，中国音乐（季刊）2007 年第 1 期，第 36 页。
② 何晓兵：《价值观概念的界定——大陆电视音乐传播的价值观分析》，中国音乐（季刊）2007 年第 1 期，，第 36 页。

对稳定的观念模式，形成了人们对价值关系的基本看法和基本观点，即形成了价值观。价值观是社会文化的核心，是整个社会的思想灵魂，它不仅会对整体社会行为产生导向作用，而且直接影响文化的发展方向。文化各要素与价值观之间的关系是因果互动、辩证统一的。一方面，文化的发展演变必然会导致价值观的变化；另一方面，作为核心元素的价值观又无时无刻不在决定着文化中每一个个体的思维方式和行为准则。因此，研究社会文化的演进不能不考虑社会主导价值观的作用。

根据国内外相关理论和实证方面的文献，结合中国实际住房情况，本书认为居住价值观表现在三个方面：居住目的、居住态度、居住价值。居住目的：是当前文化体系中，个体和群体所追求的住房目标的集合，反映了社会中不同个体与群体使用什么方式实现自己的利益诉求。居住态度：是当前文化体系中的成员对住房的基本看法、信念、理想、态度等观念因素的集合。居住价值：从功能角度来看，是个体与群体对住房及与之相关的利益进行评价的标准的集合，是人们心目中权衡价值得失的天平和标尺。

当前人们的居住价值观与以前大不相同，这一点是由我国社会正处于转型期及由此带来的价值观的不稳定性造成的。本书力图从历时性与共时性两个角度分析，首先采用因子分析法检验对居住价值观有重要影响的是哪些因素，总结出当前居住价值观的情况和特点。然后采用访谈法，更为准确地把握和判断研究对象的真实感受和行为选择，检验过去的历史经验，展现居住价值观动态变迁的过程。

## 一、居住价值观实证研究

### 1. 居住价值观要素分析

本书使用了9个题项，即9个观测变量，目的是检验对居住价值观有重要影响的是哪些因素，反映出当前居住价值观的情况和特点。

本书使用的9个题项如下：

（1）您购买住房只是为了满足居住需要；

（2）您购买住房的目的除了居住，还为了资产能保值增值；

（3）您购买住房的目的是提高生活质量、享受生活，让自己舒适满意；

（4）现有住房基本满足居住需要，没有必要更换了；

（5）人生应该享受快乐和舒适，一套理想的住房是生活质量的基础；

（6）如果有钱就应该买更好、更大的住房，尽自己所能提高生活质量；

（7）住房是生活必需品，如果有单位福利房，就没有必要再买；

（8）住房是很好的投资品，有钱应该多买几套房子做投资；

（9）对采用分期付款方式购房所持态度。

这些问题之间可能存在相关性，这意味着表面看来彼此不同的观测数据，并不能从各个侧面反映事物的不同属性，而恰恰是事物同一种属性的不同表现。这种相关性使得观测数据所反映出的事物本质并没有观测数据本身多。为了探求居住价值观的关键要素，本书将使用因子分析法从 9 个观测变量中提取共同因子，以达到用较少的综合指标概括存在于大量观测数据中的大量信息，而综合指标之间彼此不相关，各指标代表的信息不重叠。

### 2. 问卷的信度检验

在检验问卷题项的信度方面，常用的信度指标有三类：稳定性（stability）、等值性（equivalence）和内部一致性（internal consistency）。其中，稳定性指标常用于实地研究中的直接观测法，问卷法则不适用。等值性指标考虑不同观测者对同一测试项目造成的测试差异，对各个问题的统计的标准差从 0.43 到 1.51 不等。内部一致性关注不同问卷题目所带来测试结果的差异，其中 Cronbach $\alpha$ 系数法常用于定距尺度的测量问卷，本书将用此法来检验测试问卷的内部一致性。其表达式如下：

$$\alpha = \frac{k}{k-1} \left| 1 - \frac{\sum\limits_{i=1}^{k} \sigma_i^2}{\sum\limits_{i=1}^{k} \sigma_i^2 + 2\sum\limits_{i=1}^{k}\sum\limits_{i=1}^{k} \sigma_{i,j}} \right| \tag{1}$$

式（1）中：$k$ 为问卷题目数。

此处克朗巴哈系数（Cronbach $\alpha$）检验法用统计软件完成，结果见表 4-1。

表 4-1　居住价值观量表—信度检验 1

| 题项 | 每个项目得分与剩余各项目得分间的相关系数 | 删除该题项后的相关系数 |
|---|---|---|
| C1 | 0.460 8 | 0.416 3 |
| C2 | 0.496 8 | 0.400 5 |
| C3 | 0.420 0 | 0.426 8 |
| C4 | − 0.186 0 | 0.631 9 |
| C5 | 0.501 3 | 0.395 6 |
| C6 | 0.486 4 | 0.403 0 |
| C7 | − 0.084 5 | 0.625 9 |
| C8 | 0.533 7 | 0.390 8 |
| C9 | 0.036 3 | 0.549 6 |

信度系数（Reliability Coefficients）中，样本量（N of Cases）=868；题项数（N of Items）=9；$\alpha$ 系数（Alpha）=0.510 3

结果显示克朗巴哈系数（Cronbach $\alpha$）值为 0.510 3，结构信度较差。结果还显示，题项 4 "现有住房基本满足居住需要，没有必要更换"和题项 7 "住房是生活必需品，如果有单位福利房，就没有必要再买"的"每个项目得分与剩余各项目得分间的相关系数（Corrected Item-Total Correlation）"为 − 0.186 0 和 − 0.084 5，太小。如果删除题项 4 和题项 7，问卷的信度将大为提高。因此删除题项 4 和题项 7，再做一次信度检验。见表 4-2。

表 4-2　居住价值观量表—信度检验 2

| 题项 | 每个项目得分与剩余各项目得分间的相关系数 | 删除该题项后的相关系数 |
|---|---|---|
| C1 | 0.530 1 | 0.698 2 |
| C2 | 0.565 4 | 0.688 9 |
| C3 | 0.523 9 | 0.699 0 |
| C5 | 0.620 5 | 0.672 5 |
| C6 | 0.646 6 | 0.669 9 |
| C8 | 0.580 9 | 0.686 0 |
| C9 | − 0.024 3 | 0.840 4 |

信度系数（Reliability Coefficients）中，样本量（N of Cases）=868；题项数（N of Items）=7；$\alpha$ 系数（Alpha）=0.743 3

结果显示克朗巴哈系数（Cronbach α）值为 0.743 3，表明有较好的信度。结果同时显示题项 9 "对采用分期付款方式购房，所持态度"的"每个项目得分与剩余各项目得分间的相关系数（Corrected Item-Total Correlation）"为 – 0.024 3，太小。如果将题项 9 删除，问卷的结构信度将提高至 0.839 1。因此删除题项 9，再做一次信度检验。见表 4-3。

表 4-3　居住价值观量表—信度检验 3

| 题项 | 每个项目得分与剩余各项目得分间的相关系数 | 删除该题项后的相关系数 |
|---|---|---|
| C1 | 0.546 5 | 0.827 6 |
| C2 | 0.629 3 | 0.811 9 |
| C3 | 0.578 2 | 0.821 8 |
| C5 | 0.665 0 | 0.804 5 |
| C6 | 0.668 2 | 0.803 8 |
| C8 | 0.614 5 | 0.814 8 |

信度系数（Reliability Coefficients）中，样本量（N of Cases）=868；题项数（N of Items）=6；α 系数（Alpha）=0.840 4

结果显示，克朗巴哈系数（Cronbach α）值为 0.840 4，表明问卷信度的信度很好。各题项的"每个项目得分与剩余各项目得分间的相关系数（Corrected Item-Total Correlation）均在可接受范围内。因此留下居住价值观中的其余 6 个题项做因子分析。

### 3. 因子分析结果

首先，对所有观测变量值做 KMO 检验与巴特利特（Bartlett）球形检验（如表 4-4 所示），以鉴定观测数据是否适合进行因子分析。

表 4-4　巴特利特球形检验和 KMO 测度

| 取样足够度的 Kaiser-Meyer-Olkin 度量 | 巴特利特的球形检验 | | |
|---|---|---|---|
| | 近似卡方 | 自由度 | 显著性 |
| 0.632 | 2 837.725 | 15 | 0 |

KMO 检验给出采样充足性的度量，用它检验变量间的偏相关是否过小。当 KMO 值越大，表示变量间的共同因素越多，越适合进行因子分析。根据学者 Kaiser 观点，如果 KMO 的值小于 0.5 时，不适合进行因子分析。此处 KMO 值为 0.632，表示适合进行因子分析。

巴特利特（Bartlett）球形检验用来检验相关矩阵是否为单位阵，其零假设为相关矩阵是单位阵，即各观测变量之间是不相关的，这时认为不适合做因子分析。表 4-6 中巴特利特（Bartlett）球形检验结果显示，近似卡方值为 2 837.725，自由度为 15，检验的显著性概率为 0，达到显著时，拒绝统计量相关矩阵为单位矩阵的假设，即认为适合做因子分析，代表母群体的相关矩阵间有共同因素存在，适合进行因子分析。

表 4-5 为各题项的公因子方差表（即共同性），公因子方差越高，表示该变量与其他变量可测量的共同特质越多。

表 4-5　公因子方差表

| 题　项 | 初始（Initial） | 提取（Extraction） |
|---|---|---|
| （1）购买住房就是为满足居住需要 | 1.000 | 0.936 |
| （2）购买住房的目的除了居住，还有资产能保值增值 | 1.000 | 0.927 |
| （3）购买住房的目的是提高生活质量、享受生活，让自己舒适满意 | 1.000 | 0.934 |
| （5）一套理想的住房是生活质量的基础 | 1.000 | 0.959 |
| （6）如果有钱就应该买更好、更大的住房，尽自己所能提高生活质量 | 1.000 | 0.959 |
| （8）住房是很好的投资品，有钱应该多买几套房子做投资 | 1.000 | 0.929 |

提取方法：主成分分析法（Principal Component Analysis）

然后，采用常用的因子分析法——主成分分析法对观测变量进行共同因子萃取，并以方差最大旋转法（Varimax）进行因子转轴。

从量论上讲，有多少观测变量就有多少主成分，但实际上前面几个主成分集中了大部方差，因此选取的主成分数目可远远小于观测变量的数目，并使信息损失很小。以特征值等于 1 为萃取因子的标准，共萃取了 3 个特征值大于 1 的共同因子。这 3 个共同因子的特征值依次为 1.906、1.877、1.860，累积解释变异量（即累积方差百分比）为 94.054%。表 4-6 显示了分析结果。

表 4-6　解释的总方差

| 成分 | 初始特征值 | | | 提取平方和载入 | | | 转轴平方和载入 | | |
|---|---|---|---|---|---|---|---|---|---|
| | 总和 | 方差的百分比/% | 累积百分比/% | 总和 | 方差的百分比/% | 累积百分比/% | 总和 | 方差的百分比/% | 累积百分比/% |
| 1 | 3.339 | 55.651 | 55.651 | 3.339 | 55.651 | 55.651 | 1.906 | 31.771 | 31.771 |
| 2 | 1.290 | 21.502 | 77.153 | 1.290 | 21.502 | 77.153 | 1.877 | 31.287 | 63.058 |
| 3 | 1.014 | 16.901 | 94.054 | 1.014 | 16.901 | 94.054 | 1.860 | 30.996 | 94.054 |
| 4 | 0.160 | 2.668 | 96.723 | | | | | | |
| 5 | 0.116 | 1.935 | 98.658 | | | | | | |
| 6 | 0.081 | 1.342 | 100.000 | | | | | | |

提取方法：主成分分析法（Principal Component Analysis）

表 4-6 中"总和"栏均为特征值，其中"初始特征值"和"提取平方和载入"中为未转轴的初始特征值，"转轴平方和载入"中为转轴后的特征值。初始特征值中大于 1 者共有 3 个，呈现于"提取平方和载入"栏，这就是因子分析中所提取的共同因子数目。特征值是由大到小排列的，所以第一个共同因子的解释变异量最大，依次是第二个、第三个……3 个共同因子的累积解释变异量为 94.054%。转轴后共同因子的个别特征值和解释变异量会改变，差距变得较小，但 3 个共同因子的特征值总和与整体累积解释变异量不会改变，转轴后累积解释变异量仍为 94.054%。

图 4-1 显示了按特征值大小排列的，因子序号为横坐标与特征值为纵坐标轴的碎石图（又称因子陡坡图）。可见前 3 个因子所连成的曲线较陡，从第 4 到第 6 个因子所连成的曲线较为平坦。从图中也可直观地看出能萃取 3 个特征值大于 1 的共同因子。

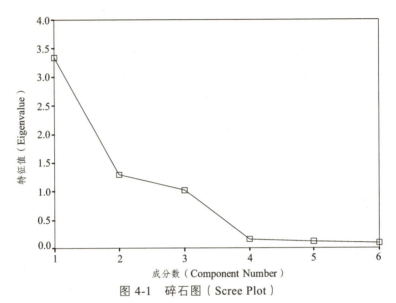

图 4-1　碎石图（Scree Plot）

　　表 4-7 是转轴后的成分矩阵，显示了各题项的因子负荷量的大小。转轴方法为方差最大旋转法（Varimax），是一种正交旋转方法，它使每个因子上具有最高荷载的变量数最少化，使得对因子的解释变得容易。

表 4-7　转轴后的成分矩阵

| 题　项 | 成分 | | |
|---|---|---|---|
| | 1 | 2 | 3 |
| （6）如果有钱就应该买更好、更大的住房，尽自己所能提高生活质量 | 0.939 | | |
| （5）一套理想的住房是生活质量的基础 | 0.938 | | |
| （1）购买住房就是为满足居住需要 | | 0.947 | |
| （3）购买住房的目的是提高生活质量、享受生活，让自己舒适满意 | | 0.937 | |
| （8）住房是很好的投资品，有钱应该多买几套房子做投资 | | | 0.930 |
| （2）购买住房的目的除了居住，还为了资产能保值增值 | | | 0.923 |

　　提取方法：主成分分析法（Principal Component Analysis）；旋转方法：正交旋转（Varimax with Kaiser Normalization）；转轴收敛于 4 个迭代（Rotation converged in 4 iterations）

转轴后的成分矩阵是依据各主成分中题项的因子负荷量的大小排序，所以很容易考查各共同因子所包含的层面题项。通过主成分分析，经过正交旋转，我们得到居住价值观的 3 个因子，其显示结果如下：

因子一：居住目标。包括题项 1 和题项 3。该因子表明在居住价值观中住房不仅是解决基本生存问题，更是为了提高生活质量、追求欲望的满足。

因子二：居住态度，包括题项 5 和题项 6。该因子表明在居住价值观中不认可节俭的消费观，而是崇尚个人享受，有强烈的消费欲望，从消费中找到乐趣和满足。

因子三：居住价值，包括题项 2 和题项 8。该因子表明在居住价值观中有强烈的个人本位主义价值观，强调个人利益，认为住房是个人财产，有保值、增值、投资的观念，并认为非常合理。

## 二、居住价值观访谈研究

对居住价值观做访谈研究是为了更为准确地把握和判断研究对象的真实感受和行为选择，并检验过去的历史经验。因此，笔者将访谈内容按中国住宅市场的发展阶段划分为三个时段，根据居住价值观的三个因子（居住目标、居住态度、居住价值）对每个时段的住房情况进行访谈和了解，对三个时段居住价值观的特征予以描述和比较，显示出其动态的变迁过程。

### 1. 1988—1998 年

居住目的和居住态度：当时中国住宅刚刚步入市场化，居民的住房几乎都是由单位统一分配的福利房。受当时物质条件和思想观念的局限，人们对住房的目的和要求非常一致，主要解决有没有房住的问题，而不是怎么住的问题。

例如：A 女，35 岁，硕士研究生，在中国移动成都公司做高管，丈夫也是企业高级管理人员，家庭月收入超过 5 万。1994 年单位分配一间只有 30 平方米的住房，没有卫生间、厨房，仅够夫妻两人休息，她是这样描述的。

问：当时你分到这个房子的时候，是什么心态？

答：很高兴，因为当时是没有房子的，突然之间有了一间房子，很激动，那时还没有顾得上满不满意。

问：高兴的原因是什么？

答：因为我是外地人，刚毕业还没有房子，到处找房子，从真正意义上来讲有属于自己的房子，感觉很高兴。

又如：F男，51岁，中专毕业，在私营企业做办公室管理人员，家庭月收入1.2万元左右，对自己家庭在本地的生活水平和社会地位的评价是"一般"。对笔者的问题，他这样回答：

问：1995年以前你住在哪里？

答：新津县里。

问：当时住什么样的房子？

答：单位房。

问：当时是否满意？

答：非常满意。

问：你当时的住房目的是什么呢？

答：遮阳躲雨。

问：那你当时的住房理想是什么？

答：有卧室、有个客厅、有个厨房就可以了。

再如：I男，42岁，本科毕业，私营业主，家庭年收入超过千万，与前两位不同的是他1995年以前就购买了商品房，对住房的选择比较主动。对笔者的问题，他这样回答：

问：请问你1995年以前住在哪里？

答：玉林小区。

问：你当时的住房是什么样的呢？

答：一般的多层住房。

问：你是如何取得的呢？

答：是购买的。

问：你当时是否满意？

答：当时对于住房而言还算满意。

问：你当时为什么要买这套房子？

答：满足居住、子女就学。

问：你当时的住房理想是什么？

答：对当时而言就仅仅是满足居住而已，这个房子就行了。

通过对以上三个不同年龄、性别、职业、收入、教育背景的人士的访谈，可以看出当时人们对住房都没有环境、户型、面积、位置等要求，只要能解决基本居住问题就非常满意了。

居住价值：当时市场经济与计划经济并存，开放与局限同置，福利分房还未取消，住房作为一种商品并未得到广泛认可，人们的价值观还停留在计划经济的福利房上，人们对住房价值的概念还很模糊，认为住房就是解决居住问题，是单位福利，没有把住房看作私有财产，对购买住房产权没有什么个人意见，大多随大流，服从单位和国家的安排，有的人甚至不理解，有不满情绪。

例如：B女，35岁，本科生，企业高管，做国际顶级品牌的服装销售工作，家庭年收入50万左右。1995年以前和父母同住在东城根街，单位分配的三室一厅、80平方米左右的住房。对当时父母购买住房产权，她是这样描述的。

问：请问房改期间，你父母对买产权持什么态度？

答：没什么态度，主要随大流，别人买了也就跟着买了嘛。

又如：E男，38岁，硕士研究生，企业管理人员，家庭年收入10万以上，2002年以前住在雅安市单位的福利房里，有时当时购买住房产权，他这样回答。

问：在房改期间你对自己花钱购买房屋产权持什么态度？

答：没什么态度，单位上让买就买了，那是国家政策，如果你不买别人买了你的房子，你就得搬出去，那不就没房子住了吗？好像没有什么选择，大家都买了。

再如：F男，对该问题的回答是这样的。

问：在房改期间你对自己花钱购买房屋产权持什么态度？

答：不太支持，但理解。

问：为什么？

答：以前住房都是单位福利，我们长期低工资，但住房、医疗和退休金都是单位管，我们以前是租单位的房子，租金就一块两块钱一个月，我当时是处级干部才能分到这套房子，这是我应该享受的福利，为什么突然要自己花钱买原来就是自己的房子呢？而且当时我买房花了7000多，那时可是一大笔钱呐，所以不支持。不过后来想，这是国家政策，原来分一套住房确实太难了，论资排辈等很多年，单位什么都管确实也管不过来，所以还是能理解。

通过对以上三个人士的访谈，可以看出当时人们对住房的价值都还不清楚，只把它当成居住工具，完全没有"财产"的概念。

2. 1999—2004 年

居住目的和居住态度：这段时间，中国住宅商品化已逐渐取代单位福利房，成为住房供应的主体，房地产开发市场取得了巨大发展，推动了全国范围的房地产投资热潮。该时期，人们的住房目的从"温饱型"的最低需求转向正常的功能需求，主要解决改善住房条件、提高住房质量的问题，集中在住房面积、户型上，大部分家庭都经历了购房、换房的过程，这种需求的转变是家庭公共活动与私密活动进一步分化的结果，也是人们对生活质量要求不断提高的结果。

例如：A 女是这样描述的。

问：1999—2004 年你住在哪里？

答：双楠小区。

问：和你第一次住房有什么差别？

答：有很大的差别，第一次只有 30 多平方米，而第二次就是 110 平方米了。

问：你对第二套房子满不满意？

答：当时来说是满意的，但是觉得房子离单位比较远。

问：那你觉得你对住房的要求，就是第一套和第二套之间有没有什么变化？

答：对住房要求高很多，希望面积更大些，有更多的空间，满足更多的功能需要，希望能有一个大阳台种种花。

又如：G女，40岁，大专毕业，在企业做财务人员，家庭月收入16 000元左右。对笔者的问题，她这样回答。

问：1999—2004年期间你住在哪里？

答：我在2000年就自己买房子了，三室一厅，就没有住单位房了。

问：你当时买房的主要目的是什么呢？

答：住起来比较舒服，小孩有自己的房间嘛。

问：你当时满不满意呢？

答：毕竟是自己花了钱买的，肯定是满意的。

该时期，人们对住房的目的和要求开始有了差异。例如I男这样描述当时的住房情况。

问：1999—2004年期间你住在哪里？

答：在中华园。

问：是什么样的房子呢？

答：连排别墅。

问：你为什么要买中华园呢？

答：觉得这套房子面积大、空间布局合理，有独立车库和私家花园，小区环境也不错，各种设施像网球场、游泳馆什么的都有，交通比较便利，购物也很方便，比较符合当时的住房理想，所以就买了。

问：你是否满意？

答：就当时来讲还是比较满足的。

又如：F男的情况是这样的。

问：1999—2004年期间你住在哪里？

答：还是那套单位住房。

问：那你是否满意？

答：满意。

问：别人都换房了，你为什么不换？

答：我觉得住房就是一个解决基本居住的问题，没必要换。

通过以上四个人士的访谈，可以看出该时期，人们对住房已开始有环境、户型、面积、位置等要求，对居住的需求开始出现差异，但总的来讲差异还不明显，主要集中在住房的面积和使用功能上。另外，虽然开始出现住房需求和住房条件的分化，但大部分人对自己的住房，在态度上和前期一样，都很满意。对这个问题，房地产开发公司管理人员的看法和被访住户的看法基本一致。

被访人员：钟华，成都置信房地产开发公司总经理助理，先后参与了置信公司多个大型开发项目，对成都市住房市场有较全面深刻的了解。

问：1999—2004 年期间，成都市民的住房需求发生了什么变化？为什么？

答：1999 年我们公司还在开发双楠的园丁园。虽然市场上自由买卖的房屋增加了，但当时商品房还比较少，在住房供应市场上大概只占三四成，越到后面商品房比重越高。1998 年以前修建的很多老房子已经不能适应那个时期人们的居住需求了，加上国家对商品房、对房地产开发商的政策，给商品房市场流通创造了条件，使得相当一批人满足了换房的需求。当时，市民对住宅产品的需求主要还是功能上的，更多关注产品本身，比如厅大不大，卧室多不多，厨房是否够用。还有生活的便利性这一方面，更多的是以生活活动范围来选择，也就是重点考虑住宅的区域。当时人们对住房的外观和质量也有了要求，那时比较多的问题主要是产品质量问题，比如门窗变形、防水漏水什么的，那个时候的观念还未突破自己生活、工作地理的范围，市场还缺乏引导。

居住价值：该时期，人们对住房的价值已有了较清晰的概念，绝大多数人已把住房看作私有财产，对住房市场化接受并拥护。虽然当时有的人开始把原来的福利房用于出租，但还没有明确的住房投资理念。

例如：B 女由于结婚，1998 年在玉林小区的天府花园买了一套电梯公寓，130 多平方米，第二年又在同一个小区买了一套 300 多平方米的别墅。对这个问题她是这样描述的。

问：你为什么要在同一个小区买两套房子？

答：我当时有了小孩，考虑到父母过来住，大家会比较方便。

问：你当时满意吗？

答：很满意，这是我第一次有了属于自己的房子，而且各方面条件都不错。我为了买房，跑遍了几乎所有当时开发的住房，比较来比较去，最终选择了天府花园，我很精心地装修了一番，高兴极了。

问：那你父母原来住的房子呢？

答：开始出租给别人，后来嫌麻烦，就空着。

问：你把房子空着等于资产闲置，你是不是为了投资，等以后房价上去了再卖？

答：当时没有这样想过，当时我主要的投资是炒股和买保险，当时真还没有想到房子升值这么快，否则我会再多买几套的，当时买的房子全是为了自己住。

问：那你为什么没有卖呢？

答：一直很忙，没顾得上，后来发现涨价很快，就更不愿意卖了。

又如：E男，2002年以前一直在雅安工作，2003年搬到成都，住在出租房里，他当时对住房价值的认识是这样的。

问：你对当时住的房子满意吗？

答：只能说是一个暂时休息的地方，是很不满意的。

问：你当时的住房理想是什么呢？

答：在成都有一套房子，在市区里，生活交通方便就行了，就是当时的理想。

问：你当时既然决定在成都发展，为什么没有买房呢？是因为资金不允许吗？

答：当时付首付的钱是有的，但想看看有什么发展的机会，想和几个同学自己开公司，所以把钱留着。

问：你当时不觉得买房既可以解决居住问题又是很好的投资吗，可能比你开公司赚得还多，而且没有什么风险？

答：当时还没有这种想法。其实我一个同学当时就告诉我这个消息，劝我投资住房，但我没有接受，现在想起来很后悔。

从以上两位人士的访谈资料，可以看出当时人们对住房的价值观较前期已有很大区别，对住房的"财产"概念已很清晰，但还没有想过把住房当成投资理财的产品。对这个问题，房地产开发公司的人员是这样看的：

问：1999—2004年期间，成都市民的住房价值观发生了什么变化？为什么？

答：我认为当时人们的住房价值观还不是很清晰，还没有完全摆脱福利分房的观念，人们并不关注住房的升值空间，更别说把住房当成投资产品。

### 3. 2005—2011年

居住目的：这个时期，中国住宅商品化已成为住房供应的唯一方式。该时期，新一轮的购房风潮出现了，人们的购房理念发生了改变，很多家庭又再一次购房、换房。人们对住房提出了更高的要求，要求居室面积更大，功能更加完善，布局更加合理，室内外环境更加优美健康，从一个完全封闭的操作空间转化成开敞的家庭活动空间。住宅告别了只谈房屋档次和区位的时代，转变到空间文化风格和品位上来，楼盘的品质成为消费诉求的重点。

例如：A女在该期间的情况是这样的。

问：请问你2005—2011年期间住哪里？

答：我2006年在春天花园购买了一套一楼带花园的房子，大概180平方米。选择这套房子主要是因为环境。它位于浣花溪风景区域内，旁边有市政公园和杜甫草堂，环境很好，诗情画意，很符合我的要求，我觉得住在这里很舒服，很有人文气息，我个人比较喜欢居住在这样的环境里。

问：这是你第三次置业，到了这个阶段，你对住房的要求较以前有何变化？

答：应该说对各方面都有很高的要求，面积、户型、配套、交通、绿化都会综合考虑。当时有很多跟春天花园同品质的房子，客观来说春天花园的户型没有优势，比它更适用、布局更合理的住房很多，而且在同品质的楼盘中它的价位偏高。但比较后我还是选择了春天花园，很大的原因就是我上面说的它周围的环境，以及所沉淀下来的人文气质，给我的感觉很好。

又如：I男这样描述他现在的住房情况。

问：请问你2005—2011年住在哪里？

答：麓山国际。

问：你再一次换房的原因是什么呢？

答：中华园的房子已经不符合我的需求了，它户型上、面积上和小区功能设施上都比较落伍，最重要的是它的住房环境太一般了，唯一的优势就是交通、购物和小孩读书方便，但我们现在都有车，住远一点没有关系，而且通地铁以后很方便。

问：麓山国际这套房子的形态你能描述一下吗？

答：是一套500多平方米的独栋别墅，在高尔夫球道的旁边，前后都是很大的独立花园，环境非常好，绿化面积大，视线开阔，就像住在一个巨大的优美的公园里，我认为到目前为止都是成都最高档的住房，而且小区配套设施齐备高档，服务也非常好，住起来很舒服。

该时期，人们的住房理念和要求的差异进一步加大。例如：C女，35岁，初中毕业，农村进城务工人员，家庭月收入8000左右。2004年前住在新津农村，进城务工后住在成都东门的出租房里，对笔者的问题，她这样回答。

问：现在的住房情况是什么样子？

答：就是华西安装公司原来的老宿舍，平房，面积大约25平方米，没有单独的厨房和卫生间。

问：你为什么要选择住在这里呢？

答：离上班的地方近，工作方便；便宜，一个月200元的租金。

问：那你现在想没有想过买房子呢？

答：想过，想买一套属于自己的房子。

问：你想买一套什么样的房子？

答：我现在就想买个一套二，原来单位房改的二手房。我对东光小区农科院的宿舍楼很满意，没有公摊，使用面积大，物业便宜。

居住态度：过去两个阶段，无论是住在哪里、住什么样的房子，大家的心态都差不多，对自己的住房大都比较满意，但在该时期，人们的住房态度也开始有了差异。人们有了更多的自主权，可以选择自己的生活，在某个意义上来说是社会民主和繁荣的标志，购买房屋就是购买一种生活方式的观念逐渐被人们接受。在多种生活方式的表达中，我们看到了今天中国人对不同生活方式的追求并得到一定程度的满足，它与计划经济时代的生活方式有着根本性的区别，反映了今天中国人在某个程度上能够按照自己的能力和意愿选择适合自己的生活方式，人们获得了某种程度的自由，这是社会进步的标志。

例如：B女，2009年再次换房，购买了翡翠城三期的花园洋房，她是这样描述她的居住态度和理想的。

问：你现在对住房是否满意？

答：还算比较满意吧。

问：那你的住房理想是什么呢，翡翠城是不是你最终的目标？

答：不算吧，我觉得应该住那种环境更好一点的，比如像"麓山国际"那样品质的别墅是我的理想，我想以后有经济实力了，一定要住那样的房子，这也是我奋斗的目标。

问：你在天府花园的房子跟现在翡翠城的房子在环境上无法相比，跟"麓山国际"差距更大，那你当时为什么很满意呢？

答：当时主要考虑的是比较实用，离父母也比较近，可以照顾孩子。

问：为什么现在不满意了？

答：我喜欢麓山国际的环境，也喜欢独栋别墅，我觉得这样的房子才是享受生活。

又如：I男的态度是这样的。

问：你2005—2011年期间是否买房了？

答：买了。

问：是否满意呢？

答：还算满意吧。

问：这套房子是否符合你的住房理想？

答：符合我目前的住房要求，但还不是我的理想。我希望住在户外环境更好的地方，有良好的空气质量，比如风景区。我希望住在像国外的城堡那样的房子里，有历史、有独特的文化气息，让你感到与众不同，不像现在我国的高档住房，仅仅是种种树、养养花、搞搞绿化，两三年就起来一片房子，太没有积淀了，很容易效仿也很容易超越，根本就是快餐不是文化。

又如：E男的态度是这样的。

问：你2005—2011年买房了吗？

答：我买了一个二手商品房，在双流。

问：你满不满意呢？

答：谈不上满不满意，可以暂时解决居住问题。

问：你现在的住房理想是什么呢？

答：对于居住而言在100个平方米左右，环境配套设施各方面比较好就可以了，如果是投资就是另一种概念了。

问：如果你有钱了是否会买高档房享受呢？

答：房屋质量是逐步提升的，但不需要追求最高档，舒适、够住就可以了。

问：那是什么原因导致你买现在的住房呢？

答：物价嘛，房价涨得太快了，很担心以后买不起，所以就买了。

问：你认为住房好坏是否会影响你的生活质量？

答：应该有一定的影响吧，所谓"衣、食、住、行"，毕竟"住"还是占很大一部分的，环境好点，当然心情也会好一点。

再如：C女对这个问题是这样回答的。

问：如果你有钱了，你会买什么样的房子？

答：比较高档的花园洋房。

问：为什么？

答：房子好、环境好，住起安逸呗。

问：你认为住房好坏是否会影响你的生活质量？

答：当然会影响，住在现在的房子里就是觉得挺压抑的，想多挣点钱赶紧买套可以住得舒服点的房子。

通过以上的访谈，可以看出该期间，人们的居住态度较原来不同，大部分人对现有住房不是非常满意，如果有可能都会再次换房。另外，人们居住态度上的差异加大，住房条件越好的人对住房的要求越高，态度越挑剔；而住房一般的人对住房的要求较低，基本还处于满足居住功能需要的阶段。但是，大家向往更好、更高档的房子的愿望是一致的，只是在程度上有差异。对这个问题，房地产开发公司的人员是这样看的：

问：你认为 2005—2011 年期间，人们的居住态度发生了什么变化？为什么？

答：我感觉人们的态度的变化分三个阶段，反映了三种不同的生活方式。第一个阶段，人们关注住房产品本身，看房屋能不能满足基本需求，是基本生存的生活方式；第二个阶段关注住房的适用性和方便性，说明人是社会的一分子，需要沟通和交流，是社会化的生活方式；第三个阶段关注住房的美观和舒适，说明人们在满足基本衣食住行之后，需要精神上的愉悦和文化上的理念，住房成为满足社会大众对精神文化的需求的重要手段，是追求精神享受的生活方式的体现，这种方式到 2005 年以后已经被广泛地接受了。

### 4. 2012—2019 年

这段时间，由于房价飞速上涨，新一轮的购房风潮出现了：一方面限购使很多普通家庭不再看重住房的生活配套、居住环境、户型设计等条件，而是着急"摇号上车"；另一方面，中高收入家庭，对住房的区域、环境、面积、档次、品位等有更高的要求。

该时期，人们对住房已有明确的投资理念，对住房保值增值的要求非常高，出现了住房投资的热潮，投资买房几乎成为每个家庭的重要理财手段，大部分家庭都有多套住房，人们在购房时会同时考虑居住和升值两方面的因素。

例如：∧女是这样看待住房投资的。

问：你对投资住房持什么态度？

答：我觉得蛮好的。

问：如果有钱了，你是选择买一套很好的房子，先自己享受呢？还是选择自己住一般的房子，然后把多余的钱拿去投资？

答：我觉得这两方面并不矛盾。如果我有更好的经济实力，我可能会选择一个更大更好的房子，然后把现在的房子卖掉或出租来盈利。但是如果盈利空间不是很大，我还是更愿意住现在的房子，把多余的钱拿去投资。因为我去买的新房不一定就有现在的房子好。

问：也就是说你要在保证个人生活品质的前提下，才会考虑投资？

答：可以这样说，我首先看重的还是个人的生活品质。

又如：B女对住房投资是这样描述的。

问：你现在对住房投资持什么态度？

答：我觉得住房投资很好，房子真是个好东西，回报太高了，而且非常稳定，又不操心，非常适合我。

问：那你前前后后共买了多少套房子？

答：五六套吧，翡翠城的是自己住，其他的房子都出租了。

问：如果你现在有钱，是买理想中的房子自己享受，还是用于投资？

答：我觉得还是首先应该满足自己，然后再去考虑投资。

问：也就是说你首先考虑的还是自己先享受生活，提高生活品质？

答：是的。

又如：G女对住房投资的态度是这样的。

问：你对投资住房持什么样的态度？

答：比较迷惑，现在成都有很多房子建好了还是空的，而且我自己有一个儿子，不管投资还是怎样首先要考虑到他以后。

问：如果你有钱了是买房自己享受还是买房投资呢？

答：投资，等以后小孩长大了再考虑其他的。

问：为什么呢？

答：因为房价在不断上涨，也许再过几年自己就没有那个能力来买第二套房子了。

当然，投资住房也不是所有人都认同的，和收入地位还是有相关关系，比如：C女对这个问题是这样回答的。

问：你对投资住房持什么态度？

答：没有想过要投资，就是纯粹居住。

问：有钱了也不会投资？

答：是。

问：为什么呢？

答：不关心这个问题。有一套能住就可以了，这对我们来说已经很不容易了，房子涨价跌价和我们没有太大关系。如果我有房子，涨价了我不可能卖房，卖了我住哪儿？跌了我也不难受，反正有个地方住，跌了也不亏。

对这个问题，房地产开发公司的人员是这样看的。

问：2012—2019年期间，成都市民的住房价值观发生了什么变化？为什么？

答：最大的变化还是观念的变化。应该这样说，主要是购买者、投资者不再是围绕自己目前的生活来考虑，而是从中长期考虑对住宅产品的选择，人们的眼光更长远，更专业。我觉得2015年以来，成都住宅不仅是解决当地人的生活需求的功能产品，还吸引了外地人的眼光，特别是西南地区客户的需求。就我所了解的，四川很多地级城市，以及西藏、新疆、贵州、重庆等地，有很多人在成都买房。人们现在买房的目的不仅为了生活，也为财富的增加，关于房屋的这个金融属性，特别是它稳定、丰厚的回报，已经充分被人们认知和接受，引领了当前购房的热潮。现在的人买房子，就算是自己居住也很关注升值空间。所以这段时期的房地产，用一个时髦的词来说，就是梦想经济模式，通过买房实现个人的财富梦想是这个阶段的特征。

从以上访谈资料可以看出当前人们对住房的观念较前期已有很大区别，住房作为投资理财产品已深入人心，升值潜力已成为人们考虑购房的首要条件之一。其中也存在着观念上的分化，高收入群体对住房投资热情度很高，对投资住房也相当乐观；收入较低的群体对住房投资热情不高，虽然也认可住房投资理念，但不予过多关注。

## 三、小 结

通过因子分析和访谈研究可以看出，30多年里，成都市民的居住价值观发生了根本性的变化，其程度之深、范围之广都是前所未有的，居住目标由满足基本生存转变为追求生活品质；居住态度由传统的节俭适度转变为超前消费；住房价值由公共财产转变为私人财富。如果说以前的住房消费受生存需求的支配，那么现在的住房消费则受消费文化观念的支配，对当前中国整体社会文化结构影响深远，体现在以下三个方面。

第一，价值观本体从集体转变为个体。

在实行市场经济之前，社会生活分化程度低、同质性高，根本不存在个人生活方式的选择，集体主义价值观占主导地位。自改革开放以来，市场化发展带来的消费者自主性提升使人们逐渐具有了私有财产的观念，从而成为改变社会结构、推动社会前进的一种内在动力，以人为本成为当前社会普遍认同的价值观。在住房这个私人领域里，个人的私人生活从社会公共生活中分离出来，获得了独立自主的存在空间，体现出一种鲜明的个人主义价值观。

第二，价值观的轴心从政治转向经济。

在计划经济条件下，个人是没有住房所有权的，住房是集体和国家的资产，要解决居住问题必须依靠集体和单位。30多年来，中国社会发生了空前的变革，住房市场经济的发展改变了原有计划经济时代对房屋价值的看法和态度，在肯定住房商品性、财富性的过程中肯定了个人对利益的追求，解放了人们的个性，推动了社会的进步和发展。

第三，从满足生存需要转变成满足个性需求。

计划经济条件下，以单位为主体的住房分配模式关注的是满足人们的基本生存需要。改革开放以后，人们开始大胆地追求个性解放及其自我实现，这是一种全新的住房消费伦理，高档住房被当作美好生活的标志，走进了千家万户的日常生活。

客观地说，中国居住价值观的这种转变有其积极的现实意义，给人们的住房需求提供了更多的自由和选择。当前的住房消费追求对生活意义的占有和体验，强调让人的需要、欲望、能力、交往、享乐等多种要素得到充分满足和发挥，展现了人们生活的丰富性、多样性与完整性的统一。人们对自身发展的渴望，对价值实现的迫切需求，预示着一种新的社会人格理想形态的形成，这在现代文化与现代文明的转型中有非常重要的作用。

但与此同时，当前中国居住空间消费中也已显现出不容忽视的问题。对今天的居住者而言，住房已不仅仅是一个栖身的场所，还是一种对生活方式的选择，这种选择是对生活的谋划，是对自己个性的展示及对生活样式的感知，这是典型的消费文化的消费方式。因此，今天中国人的住房消费已不再是简单的经济学角度的住房产品消费，它不是围绕着需求或效用而进行的，而是一种不断膨胀的对住房这种"物"的消费欲望与消费激情。从这个意义上来说，当代居住空间的生产，不只是在生产住房商品，也是在生产一种社会形式，在生产一种价值体系、一种社会结构，它从价值的角度重构了人们生活的空间，也重构了人们生活的全部。

## 第二节　消费文化对居住审美观的重构

所谓审美，就是人们在社会实践中逐步积累起来的审美感受、审美认知和审美能力的总和，其经典意义指根据独有的审美标准来审美地形构生活，造就存在的审美形态。[①]"美"是使人们感到愉悦的一切事物，"审"则是使人们对事物的美丑做出评判的过程。由此可见，审美首先是一种主观的心理活动，具有很大的主观性。作为哲学的一个子学科，审美涉及的范围极其宽泛，包括人们的生活世界和自然界的方方面面。因此历来中外学者对它的定义可以说是数不胜数，难以概括。从历史的角度看，人们对艺术和审美经验的看法在不断演变，反映出审美不存在永恒的、绝对不变的标准，与所处的时代背景、经济状况、风俗文化等有着直接的关联。

当前，消费文化的全球化进程作为特殊文化语境，改变了审美的文

---

①[德]沃尔夫冈·韦尔施：《重构美学》，陆扬、张岩冰译，上海：上海译文出版社 2002 年版，第 24 页。

化背景与环境，导致当代审美转向更广泛的日常生活领域，其核心是大众日常生活的审美泛化及价值观念的重建，正如德国社会学家韦尔施在《重构美学》一书中所说的那样："毫无疑问，当前我们正经历着一场美学的勃兴。它从个人风格、都市规划和经济一直延伸到理论。现实中，越来越多的要素正在披上美学的外衣，现实作为一个整体，也愈益被我们视为一种美学的建构。"①这是一个双向的过程，一方面是"艺术的生活化"，艺术活动受整个社会及大众的日常生活活动所驱使，艺术形式渗透到一切对象之中，所有的事物都变成了"美学符号"。另一方面是"生活的艺术化"，由于商业市场的运作和日新月异的高科技手段的推广，艺术不断走进现实生活，与生活发生多重交叉换位。任何艺术都可以是商品，艺术可以出现在任何地方和任何事物之上，可以被任何人以其愿意采取的任何方式所实践，大众可以随心所欲地消费艺术及其复制品，就像英国社会学家迈克·费瑟斯通在《消费文化与后现代主义》一书中指出的那样："艺术不再是单独的、孤立的现实，它进入了生产与再生产过程，因而一切事物，即使是日常事物或者平庸的现实，都可归于艺术记号之下，从而都可以成为审美的。"②

消费文化的审美变革主要体现在日常生活的审美呈现上。现在大众日常生活的衣、食、住、行被越来越多的艺术审美所充满，"美的幽灵"无所不在。鲍德里亚曾断言，超现实主义的秘密，就是把最平庸的现实与艺术和想象相联系变成超现实，今天平凡普通的整体性现实已经结合进了超现实主义的仿真维度，我们生活的每个地方，都已为审美光晕所笼罩。③在这样的文化背景中，大众被改造成了"美学人"，他们把自己的身体、行为、感觉与激情以及生命存在，都变成艺术的作品，通过对无可争辩的审美化的生活方式的体验来建构自我。这是一种以引人注目的视觉方式建构身份和生活的手段，它蕴涵了个性、自我表达及风格的自我意识。

---

① [德]沃尔夫冈·韦尔施：《重构美学》，上海：上海译文出版社 2002 年版，第 4 页。
② [英]迈克·费瑟斯通：《消费文化与后现代主义》，刘精明译，南京：译林出版社 2004 年版，第 99 页。
③ [法]鲍德里亚：《仿真》，转引自迈克·费瑟斯通《消费文化与后现代主义》，上海：上海译文出版社 2002 年版，第 100 页。

当前中国人的居住审美观念正发生巨大而快速的转变，这是由以日常生活审美化为典型表征的消费文化形态在中国逐步成型所造成的。根据国内外相关理论和文献，结合中国实际住房情况，本书认为居住审美观表现在两个方面：一是审美意识，即对居住审美的情感知觉和认知逻辑。情感知觉与快感相联系，属于情感性质；认知逻辑与审美客体相联系，属于认知性质。二是审美方式，从审美的角度对居住空间的判断和评价，具体表现为对住房环境、住房风格以及住房品位的审美标准和偏好。本书力图从历时性与共时性两个角度分析，首先采用因子分析法检验对居住审美观有重要影响的是哪些因素，总结出当前居住审美观的特征。然后采用访谈观察法，更为准确地把握和判断研究对象的真实感受和行为选择，检验过去的历史经验，显示出居住审美观动态的变迁过程。

## 一、居住审美观因子分析

### 1. 居住审美观要素分析

本书使用了 6 个题项，即 6 个观测变量，目的是检验对居住审美观有重要影响的是哪些因素，反映出当前居住审美观的情况和特点。本书使用的 6 个题项如下：

（1）住房面积适中、交通便利、户型实用就可以了，环境是否优美、设计是否时尚并不重要；

（2）如果您现在购买住房，考虑的主要因素是时尚、美观，符合您的审美品位，让您很享受、很舒适；

（3）住房的质量会影响心情，住在环境差的房子里心情压抑，住在环境优美的房子里会让人心情舒畅、精神愉悦；

（4）广告对您的购房影响很大，广告做得较好的楼盘你会优先考虑；

（5）个人的住房体现了他的品位，品位越高，住房越美观时尚、越有个性；

（6）住房是什么风格（中式、欧式）并不重要，关键是要美观、舒适、有品位。

为了探求居住审美观的关键要素，将使用因子分析法从以上变量提取共同因子，以达到用较少的综合指标概括存在于大量观测数据中的大量信息。

### 2. 样本问卷的信度检验

样本问卷的信度检验此处用内部一致性（intemal consistency），关注不同问卷题目所带来测试结果的差异，不同问卷题目得出同样的测试结果便符合内部一致性，其中克朗巴哈系数（Cronbach α）常用于定距尺度的测量问卷，此处克朗巴哈系数（Cronbach α）检验法用统计软件完成，结果见表4-8。

表4-8　居住审美观量表——信度检验1

| 题项 | 每个项目得分与剩余各项目得分间的相关系数 | 删除该题项后的相关系数 |
|---|---|---|
| D1 | 0.418 7 | 0.389 1 |
| D2 | − 0.138 3 | 0.635 3 |
| D3 | 0.458 9 | 0.364 8 |
| D4 | 0.407 4 | 0.376 6 |
| D5 | 0.094 2 | 0.568 3 |
| D6 | 0.498 9 | 0.328 9 |

信度系数（Reliability Coefficients）中，样本量（N of Cases）=868；题项数（N of Items）=6；α系数（Alpha）=0.504 0

结果显示克朗巴哈系数（Cronbach α）值为 0.504 0，结构信度较差。结果同时显示题项 2 "现在购买住房，考虑的主要因素是时尚、美观，符合您的审美品位，让你很享受、很舒适"和题项 5 "个人的住房体现了他的品位，品位越高，住房越美观时尚、越有个性"的"每个项目得分与剩余各项目得分间的相关系数（Corrected Item-Total Correlation）"为 − 0.138 3和 − 0.094 2，太小。如果删除题项 2 和题项 5，问卷的信度将会大为提高。因此删除题项 2 和题项 5，再做一次信度检验。见表4-9。

表 4-9　居住审美观量表—信度检验 2

| 题项 | 每个项目得分与剩余各项目得分间的相关系数 | 删除该题项后的相关系数 |
|---|---|---|
| D1 | 0.503 9 | 0.702 8 |
| D3 | 0.510 3 | 0.698 8 |
| D4 | 0.535 8 | 0.686 9 |
| D6 | 0.603 4 | 0.644 2 |

信度系数（Reliability Coefficients）中，样本量（N of Cases）=868；题项数（N of Items）=4；$\alpha$ 系数（Alpha）=0.743 1

结果显示克朗巴哈系数（Cronbach $\alpha$）值为 0.743 1，表明问卷信度的信度很好。各题项的"每个项目得分与剩余各项目得分间的相关系数"（Corrected Item-Total Correlation）均在可接受范围内。因此留下住房消费审美观中的其余 4 个题项做因子分析。

### 3. 因子分析及结果

对所有观测变量值做 KMO 检验与巴特利特（Bartlett）球形检验（如表 4-10 所示），以鉴定观测数据是否适合进行因子分析。

表 4-10　巴特利特球形检验和 KMO 测度

| 取样足够度的 Kaiser-Meyer-Olkin 度量 | 巴特利特的球形检验 | | |
|---|---|---|---|
| | 近似卡方 | 自由度 | 显著性 |
| 0.605 | 717.105 | 6 | 0 |

此处 KMO 值为 0.605，大于 0.5，表示适合进行因子分析。

巴特利特（Bartlett）球形检验结果显示，近似卡方值为 717.105，自由度为 6，检验的显著性概率为 0 达到显著，也认为适合作因子分析。

因子分析报表结果整理如下。

表 4-11 为各题项的公因子方差表（即共同性），公因子方差越高，表示该变量与其他变量可测量的共同特质越多。

表 4-11　公因子方差表

| 题　项 | 初始 | 提取 |
|---|---|---|
| （1）住房面积适中、交通便利、户型实用就可以了，环境是否优美、设计是否时尚并不重要 | 1.000 | 0.809 |
| （3）住房的质量会影响心情，住在环境差的房子里心情压抑，住在环境优美的房子里会让人心情舒畅、精神愉悦 | 1.000 | 0.812 |
| （4）广告对您的购房影响很大，广告做得较好的楼盘你会优先考虑 | 1.000 | 0.848 |
| （6）住房是什么风格（中式、欧式）并不重要，关键是要美观、舒适、有品位 | 1.000 | 0.832 |

提取方法：主成分分析法（Principal Component Analysis）

以特征值等于 1 为提取因子的标准，共提取了 2 个特征值大于 1 的共同因子。这 2 个共同因子的特征值依次为 1.672、1.629，累积解释变异量（即累积方差百分比）为 82.518%。表 4-12 显示了分析结果。

表 4-12　解释的总方差

| 成分 | 初始特征值 | | | 提取平方和载入 | | | 转轴平方和载入 | | |
|---|---|---|---|---|---|---|---|---|---|
| | 总和 | 方差的百分比/% | 累积百分比/% | 总和 | 方差的百分比/% | 累积百分比/% | 总和 | 方差的百分比/% | 累积百分比/% |
| 1 | 2.265 | 56.617 | 56.617 | 2.265 | 56.617 | 56.617 | 1.672 | 41.795 | 41.795 |
| 2 | 1.036 | 25.901 | 82.518 | 1.036 | 25.901 | 82.518 | 1.629 | 40.723 | 82.518 |
| 3 | 0.400 | 9.993 | 92.511 | | | | | | |
| 4 | 0.300 | 7.489 | 100.00 | | | | | | |

提取方法：主成分分析法（Principal Component Analysis）

图 4-2 显示了按特征值大小排列的，因子序号为横坐标与特征值为纵坐标轴的碎石图（又称因子陡坡图）。可见前 2 个因子所连成的曲线较陡，从第 3 到第 4 个因子所连成的曲线较为平坦。从图中也可直观地看出能萃

取 3 个特征值大于 1 的共同因子。

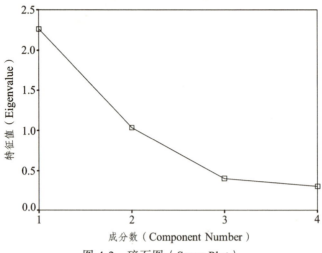

图 4-2　碎石图（Scree Plot）

　　表 4-13 是转轴后的成分矩阵，显示了各题项的因子负荷量的大小。转轴方法为方差最大旋转法（Varimax），是一种正交旋转方法，它使每个因子上具有最高荷载的变量数最少化，使得对因子的解释变得容易。

表 4-13　转轴后的成分矩阵

| 题　项 | 成分 | |
| --- | --- | --- |
| | 1 | 2 |
| （4）广告对您的购房影响很大，广告做得较好的楼盘你会优先考虑 | 0.912 | |
| （6）住房是什么风格（中式、欧式）并不重要，关键是要美观、舒适、有品位 | 0.885 | |
| （1）住房面积适中、交通便利、户型实用就可以了，环境是否优美、设计是否时尚并不重要 | | 0.885 |
| （3）住房的质量会影响心情，住在环境差的房子里心情压抑，住在环境优美的房子里会让人心情舒畅、精神愉悦 | | 0.883 |

　　提取方法：主成分分析法（Principal Component Analysis）；旋转方法：正交旋转（Varimax with Kaiser Normalization）；转轴收敛于 3 个迭代（Rotation converged in 3 iterations）

转轴后的成分矩阵,是依据各主成分中题项的因子负荷量的大小排序,所以很容易考查各共同因子所包含的层面题项。通过主成分分析,经过正交旋转,我们得到居住审美观的 2 个因子。即从原 6 个变量中筛选所剩的 4 个变量萃取出 2 个主成分,2 个主成分累积解释总变异量的 82.518%,其显示结果如下:

因子一:审美意识。包括题项 1 和题项 3。该因子表明当前人们追求个人享受,崇尚时尚、美观、舒适的居住审美观,体现在对住房品位和审美的不断提高上,"美"成为住房追求的最重要的目标,并建立了一套世俗化、趣味化的感性审美逻辑。

因子二:审美方式,包括题项 4 和题项 6。该因子表明人们当前的居住审美观受广告媒体的影响较大,没有形成稳定的、单一的、有代表特征的风格的审美形式,住房审美具有时尚、短暂、无深度、多元、拼贴的后现代特征。

## 二、居住审美观访谈研究

对居住审美观做访谈研究是为了更为准确地把握和判断研究对象的真实感受和行为选择,并检验过去的历史经验。和居住价值观的访谈研究一样,笔者将访谈内容按中国住宅市场的发展阶段划分为四个时段,根据居住审美观的两个因子(审美感知、审美方式)对每个时段的住房情况进行访谈和了解,对四个时段居住价值观的特征予以描述和比较。

### 1. 1988—1998 年

这个时段,城市居民住房几乎都是单位分配的福利房,人们只要求有个栖身之所,对住房完全没有审美方面的需求,具体的审美方式也就更无从谈起。

例如:A 女这样描述当时她的情况。

问:你 1994 年住在 30 多平方米房子里的时候,你对住房的环境、风格有什么要求?

答：应该说没什么要求，当时的条件，从经济上、观念上都制约了我的选择。

问：那你当时有没有理想中的住房呢？

答：有啊，就是想住大一点的房子，最好有客厅、有厨房和卫生间。

问：没有其他要求了？

答：没有了。

又如：E男对这个问题的回答是这样的。

问：在1998年以前你对住房的风格和环境有什么要求呢？

答：因为当时是单位房嘛，还没有住房风格和环境的概念。

问：你觉得什么样的住房符合你当时的审美标准呢？

答：主要就是要一个面积大一点的。

再如：F男的回答是这样的。

问：在1998年以前你对住房的风格和环境有什么要求？

答：那时没什么要求，只要有房住就行。

再如：I男属于成都市第一批购买商品房的少数人员，对笔者的问题，他这样回答。

问：1998年以前你第一次买房时，对住房的风格和环境有什么要求？

答：基本上没有什么要求。

问：那你购房时主要考虑什么因素呢？

答：那个时候商品房很少，几乎都是60～80平方米的，没有绿化，户型也差不多，没有什么可选择的。当时玉林小区还不热闹，到处都在修路、修房子，乱糟糟的，生活也不太方便，觉得离市中心还有点远，但我已经觉得很不错了，有房子住，还是三室一厅，很满足了。

通过对以上四个不同年龄、性别、职业、收入、教育背景的人士的访谈资料，可以看出当时人们对住房没有什么要求，唯一关注的是住房的基本居住功能，完全没有审美方面的意识。这一点在对成都市几个资深建筑设计师的访谈中也得到证实。

被访人员：蒋晓红（中国建筑西南设计研究所第三设计所所长、高级工程师）、叶宏伟（中国建筑西南设计研究所第三设计所副总建筑师、国家一级注册建筑师、高级工程师）、彭彤（成都世典室内工程有限公司总经理、设计总监、高级室内建筑师）。

问：1987年到1994年期间，成都住房审美的需求是怎样的？

答：当时的建筑主要特点就是纯粹从功能上来考虑的，从造型方面来讲考虑就很少，整个建筑看起来比较平板。

问：是什么原因造成的？

答：主要是由于设计手段和材料的限制，当时是中国引进现代主义建筑思潮的一个高峰期，现代主义是著名现代设计师柯布希耶的一种设计理念，以功能需求为主，追求一种经济的、实用的、标准的、简洁的建筑形式。那时都是单位分房，对面积、造价有严格限制，满足基本的功能就可以了，这也决定了这种模式，所以我们更关注的是室内的空间是否够用，而没有考虑更多的外观设计。

问：当时的设计师有没有审美意愿呢？

答：建筑师肯定有自己的意愿，一直以来还是想追求自己的东西，但是当时的环境不允许，只能考虑功能。

问：我认为这个时代的住房从外观和户型上来看都是一样的，没有什么区别，完全是一种版本不停地复制，谈不上设计。

答：是的，那时更多的还是设计平面功能和空间分配，因为户型本身就不能考虑多元化，没有办法追求多样性，当时就是一种简单的行列式的排布，按现代住宅规格来说很多住房都没有达标。实际上只能从户型上寻求一些突破，做一些微小的调整。

问：当时你们是否认为对审美的挖掘很多余、没必要？

答：也不是，确切地说从中国第一代建筑师杨廷保、刘杨怀开始，他们就非常重视审美，但当时材料的确太少了。其次设计手段和手法上也很局限，所以那时的审美仅仅限于一些形体比例，如开窗比例这些细节上。

问：20世纪80年代，欧洲的住宅建筑已经很先进了，包括你说的柯布希耶做的都是带花园的高层电梯公寓，你们既然向他学习，为什么差别这么大？

答：当时只引入他的理念，但他的材料、技术手段我们并没有引入，而且建筑上的一些空间、曲线我们画不出来，结构的计算都受到限制。

问：当时的用户对你们提出过审美上的要求没有？

答：没有什么要求，有一套房子就行了，更多是在住房面积上而不在它的形态上，形态和环境被完全忽略。

2. 1999—2004 年

审美意识：这段时间，人们的住房审美观较前期有了较大的变化，对住房的实用性和舒适性提出了明确的要求，虽然还没有形成确切的审美偏好，但对住房已开始有初步的模糊的审美需求。

例如：B 女是这样描述的。

问：1999—2004 年期间，你购房时考虑的主要因素是什么？

答：主要考虑实用、生活方便，环境上也有一些考虑。

问：具体是什么样的住房符合你的要求呢？

答：美观、舒适、交通便利，房子地段要好，购物方便；面积要大，要 130 平方米左右；户型要合理，功能要够，起码是三室两厅双卫，最好还有个阳台；小区应该有绿化，还应该有健身房、棋牌室什么的。

问：你当时认为环境和方便哪个更重要？

答：肯定是方便最重要。

问：当时住房环境是否会影响你的心情？

答：会有影响，但是要求也不太高，干净舒适就可以了。

又如：G 女对这个问题这样回答。

问：1999—2004 年期间你购房时考虑的主要因素是什么？

答：首先就是方便，毕竟是自己花钱买的，肯定要多考虑嘛，比如周边环境啊，交通方不方便啊，小孩读书方不方便啊这些因素，其他也没有太大的要求。

问：当时住房环境是否会影响你的心情？

答：当时没想那么多。

例如：I 男这样描述当时的情况。

问：你 1999—2004 年期间购房时考虑的主要因素是什么？

答：各方面都会考虑。

问：当时你认为什么样的住房符合你的要求？

答：当时的要求就是房子内部要舒适、实用，外部要美观、简洁、大方；小区绿化和配套设施都不错；交通购物方便。

问：你当时认为住房的环境和方便哪个更重要？

答：方便最重要，环境也不能差。

问：当时住房环境是否会影响你的心情？

答：会有影响。

通过对以上三位人士的访谈，可以看出该时期，人们对住房已开始有舒适、实用、方便等要求，对室内的审美要求主要集中在功能上。对这一现象，设计师是这样看的：

问：1999 年以后成都市住房进入市场化运作，当时居民的空间审美理念是否有变化？

答：已经开始对住房有审美方面的要求了，主要体现在住房功能上，比如面积、户型、区域等，对小区绿化也开始有简单的要求，但仅限于种点树、栽点花，对建筑造型和景观设计的审美思想还没有形成。

问：也就是说当时消费者、开发商、建筑设计师对居住审美的感知都还很模糊？

答：很模糊，我个人认为那时我们不知道应该修什么样的建筑，当时的开发商、设计师、老百姓都很茫然，大家的审美都是很表象的概念，靠的完全是一种对西方文化的想象，主流设计更多的是学欧风的东西。

审美方式：该时期，很多人对住房广告予以关注，对居住环境开始有要求，对住房建筑风格开始出现偏好，对居住审美品位开始有了一点模糊的概念。

例如：B 女对这个问题是这样回答的。

问：1999—2004年期间你喜欢什么风格的住房？

答：比较喜欢那种欧式的、田园风格的住房。

问：当时你对居住环境有什么要求？

答：当时觉得置信丽都花园的环境不错，挺有品位的，我很喜欢，有树有花有水景，就像公园一样，让人心情很舒畅，可惜在红牌楼，位置不好，所以没买。

问：你认为广告是否影响你对住房的审美观念？

答：肯定有一定的影响，广告能提高住房方面的知识，增加住房的购买兴趣。

问：那广告中比较符合你心意的房子你会不会特别关注呢？

答：会啊，但是它只是提供信息，买不买还是要实地看一下。

又如：E男对当时的住房审美偏好是这样的。

问：你当时想住什么风格的房子呢？比如西式的还是中式的？

答：以自己的经济能力来说的话，只要美观舒适就行，如果要选，会偏西式点的。

问：为什么喜欢西式的呢？

答：比较简洁实用，而且比较时尚。

问：如果你买房，会不会关注广告？

答：会，但最终买不买还是要看住房的实际情况。

问：你认为广告中宣传的住房是否符合你的审美呢？

答：广告中的住房不管是各种设备还是环境都很不错，但是还是要看是否方便，看具体位置，还有价格是否合适。

再如：F男是这样回答的。

问：在1999—2004年期间你对住房环境有什么要求呢？

答：希望能够好一点，有个停车场。

问：你当时觉得什么样的住房符合你的审美标准呢？

答：中式的房子。

问：你为什么喜欢中式的？

答：年龄原因吧，我很怀念小时候家乡的院子，年轻人就喜欢欧式的，我儿子就不喜欢中式。

问：你认为广告中宣传的住房是否符合你的审美呢？

答：我当时不想买房子，没有注意过。

从以上三位人士的访谈资料，可以看出当时人们对住房的审美已有很多要求，大部分人偏好欧式的住房建筑风格，广告对人们的居住审美已有一定的影响。对这个情况，设计师的访谈能更全面客观地反映出来：

问：1999年以后成都住宅的审美方式上有什么变化呢？

答：两条路，一个是从早期现代主义沿袭下来的，从材料上、色彩上变得丰富起来；另外一个就是对欧式的认同感，出国的人多了就认为欧式建筑体现了一个高端的、高档的贵族化的一种生活方式。

问：主要的风格是什么呢？

答：当时欧风盛行实际上只是欧式的建筑元素与中国市场的一种很生硬的结合，实际上它与真正的欧洲建筑有很大的差异。当时好像各种风格都出现过，国外各地区各时期都有建筑文化和经典建筑作品，很多中国人去看了之后觉得确实很好，就马上照搬过来，但是建筑设计是有地域性和针对性的，当时完全是生搬硬套。

问：当时除了设计师的设计很西化以外，开发商也很热衷与西方文化有点关联，哪怕设计中没有什么欧式元素，也非要给楼盘取个洋名字，当时欧式的楼盘是不是很好销？

答：是，当时比较知名高档的楼盘都是欧式，比如上河城、雅典国际社区、懋园等，有的还得了设计大奖。大家都喜欢欧风，觉得很时尚，全部去效仿，认为那就代表先进、代表文明，完全处于对西方文明及其代表的高档生活的审美想象中。其实当时的建筑形态只是看到了欧风的表面，没有懂欧风内涵以及为什么要那样做，比如上河城是第一个考虑将建筑的外观与文化结合，追求一种欧式院落的东西，那种风格完全是个人的偶然性所致，当时可能有创新的意愿，但出来的效果并没有达到预期，那应该是一个过程，是需要积累的。我认为当时的这种现象的出现是因为设计师知识的片面性造成的，完全是一种偶然性的产物，当然消费者也不够成熟，市场也不够成熟。

### 3. 2005—2011 年

审美意识：这段时间，人们居住审美观又有了新的变化，对住房的美观、时尚、品位的要求被提到了首位，对这段时间又一次购房的大部分人来讲，"美"成为考虑的第一要素。

例如：B 女是这样描述的。

问：2005—2011 年期间，你购房时考虑的主要因素是什么？

答：环境美观、绿化面积大，房屋设计要时尚、有个性，但没有必要追求特别的豪华，还是低调点好，太张扬了像暴发户，没品位。

问：住房环境的美观与否是否会影响你的心情？

答：影响很大，住在美丽舒适的环境里会让我心情愉快，而嘈杂的环境会使我很压抑。

问：为什么？

答：生活就是要享受嘛，要提高生活质量，何必亏待自己？

又如：I 男这样描述他的看法。

问：你购买中华园时考虑的主要因素是什么？

答：房屋设计个性鲜明、与众不同；环境优美、景观布局大气；整个楼盘占地面积大、精致、注重细节，奢华但不张扬，有文化气息。

问：住房环境的美观与否是否会影响你的心情？

答：是，有影响。

问：为什么？

答：生活质量是不断提高的，每个阶段都有不同的要求。

再如：E 男对这个问题这样回答。

问：2005—2011 年期间，你购房时考虑的主要因素是什么？

答：一是房屋本身，二是配套设施，三是周边环境。

问：哪种因素最重要？

答：都很重要。

问：住房环境的美观与否是否会影响你的心情？

答：有影响。

问：为什么？

答：随着消费的增加，生活质量也不断提高，环境也相应得到提高，再说现在看得上的中高档楼盘环境都很不错，应该能满足这方面的需要。

通过对以上三位人士的访谈，可以看出该时期，人们对居住的审美成为重要的购房指标。

审美方式：在该时期，人们对住房风格的偏好上出现较明显的差异，有喜欢中式的，有喜欢西式的，有喜欢现代的，有喜欢古典的。另外，人们对广告的关注比上一时段突出，受广告的影响加深。

例如：A女在该时期的情况是这样的。

问：请问你喜欢什么风格的住房，是中式的、西式的、现代的、还是古典的呢？

答：我喜欢像青城山的一个叫"高山流水"的别墅的风格，偏中式一些，有点像汉代的建筑，但又不是纯中式，结合了一些欧式的布局。我不喜欢纯欧式的，觉得跟自己的文化格格不入；也不喜欢纯中式的，觉得有点阴，没有生活气息。

问：你觉得广告对你买房的影响大不大？

答：有一定影响，但我觉得广告对买房的影响不是最大的，但没有广告我就无法了解这个楼盘，就不会对它关注，所以广告还是很重要。但实际上最终还是我看了之后的感觉，以及各种比较之后才会考虑买不买。

再如：I男这样描述他现在的居住审美方式。

问：2005—2011年你喜欢什么风格的住房？

答：什么风格都可以，但是要地道、要精致、要有个性、有品位，建筑主体要非常鲜明，这样的建筑在满足居住的同时也是一种艺术享受。

问：你认为广告宣传中的住房是否会影响你的审美需求？

答：会提高欣赏品位，增加住房的购买欲望，使自己不断地想换更好的房子。

对该时期的居住审美问题，设计师是这样看的。

问：2005 年以后，成都住房审美是怎样发展的？

答：从建筑师这个层面来讲，中国的建筑师其实也很反感那种肤浅的所谓欧式建筑。建筑专业从 20 世纪 90 年代末期开始对欧化的批评就非常多，而且有一种思潮就是当时欧洲兴起了一种后现代主义，提倡文化寻根，对我们的影响比较大。

问：你认为出现了什么具体变化？

答：追求个性与特色，无论做西式还是做中式，都力求风格鲜明。这个时期最难能可贵的是设计师、开发商在挖掘地域文化，开始寻求一种能体现民族文化特色的建筑语言。比如说芙蓉古城、清华坊、蜀郡、三利宅院等，都比较有品位，做出了中式建筑的韵味。不过严格来讲，很难明确地划分是哪一个流派、哪一个地域的风格，实际上设计师、开发商在挖掘地域文化的时候也是一种不确定性，是综合型的东西。清华坊就不是成都的东西，它是京派建筑的提炼和复制。川西建筑有它自己的特点，首先比较质朴；其次是它的穿透性、渗透性。芙蓉古城不完全是川西的风格，蜀郡和三利宅院也不完全是，都将多种风格元素融合进设计里，而且借鉴西式现代建筑的空间布局，改善传统中式院落昏暗、不通风、不简洁等缺点。

问：那你觉得消费者的审美观念有什么变化？他们更喜欢哪一种风格呢？

答：虽然老百姓在不断地关注各种文化元素，但因为他们不专业，所以无法明确要求建筑的风格问题。2005 年之后到 2011 年左右，受全球审美趋势的影响，大多数人比较喜欢北欧风格，因为北欧的风格比较简洁、时尚。事实上，我认为老百姓没有什么具体的倾向，所有比较好的楼盘，不管是中式还是西式、古典还是现代、高层还是低层，都卖得很火，有的经济条件比较好的人可能各种风格的都有买。

问：现在消费者非常关注建筑的外观，他们认为既然花了钱就要买很有品位、审美性很高的房子，具体是哪种类型倒不重要，只要觉得美观、好看就行了。

答：对，中国的房子越来越贵了，我认为老百姓在看待房子的时候就认为房子是一种奢侈品，因为要花很多钱，所以就特别在乎房子的外观和房子给他带来的那种品质感，就一定要买一个漂亮的、有品位的、能显示地位和身份的房子。可能再过几十年，当房子不再是奢侈品，而成为一种必需品的时候，人们对外观就不会这么挑剔了。

问：以后住房在形态上、审美上会有什么趋势？

答：可能会更主题化、更差异化。

4. 2012—2019年

审美意识：这段时间，人们居住审美观发生了分化，对有消费能力的家庭来说，对住房的美观、时尚、品位的要求进一步提高，追求"艺术"和品位；而普通购房家庭则把"实用"和区位放在首位。

例如：I男这样描述他的看法。

问：你购买麓山国际时考虑的主要因素是什么？

答：高档，环境优美大气，有文化艺术气息，能体现身份。

问：你住在麓山国际有什么感觉？

答：觉得生活很美好啊，岁月静好的感觉。

再如：D女，23岁，办公室文员，大专毕业，月收入3 000元左右，2017年以前与父母住在泸州，现住单位宿舍，还未购房。对于居住审美，她是这样回答的。

问：你想买什么风格的房子？

答：没什么特别的偏好，如果可以。

问：为什么呢？

答：因为每个天府新区单价2万以下的楼盘我都会参加摇号，摇到哪个算哪个，没有选择的空间，能摇到就不错了，二手房太贵了。

问：如果可以选择，你喜欢什么风格的呢？

答：偏现代风吧，时尚、简洁。

问：以后有钱了，会考虑什么样的住房？

答：麓湖，我很喜欢麓湖的大平层。

问：做房奴也要买吗？

答：是啊，住在麓湖这样的房子里才觉得活着真好，那样的生活谁不向往呢？

对该时期的居住审美问题，设计师是这样看的。

问：2012年以后，成都住房审美有什么变化？

答：这段时期发生了分化，尤其是2016年以后，普通的楼盘基本都是现代式，颜色线条简洁、明快，住宅内部空间布局紧凑合理，空间利用率大，功能齐全；豪宅则多是混合式，多种元素结合，偏后现代式，内部空间开阔明亮，弱化平时不太实用的功能区域，每个房间开间都大，强调品位和特色。

问：出现这种变化的原因是什么？

答：因为成都的房子越来越贵了，因为要花很多钱甚至一辈子的积蓄，所以就特别在乎房子的外观和房子带来的那种满足感，就一定要买一个漂亮的、满意的房子，要求也就高了。另外这个阶段，设计师、消费者和开发商都成熟了，知道自己想要的是什么，所以很有针对性，尤其是豪宅的购买群体眼界高了，追求个性和品位，追求体现自己"档次"的住房。

通过对以上的访谈，可以看出该期间，人们的居住消费产生了分化，但是无论什么群体，对高档的、审美化的住房的追求已经深入骨髓，成为孜孜以求的人生目标。

## 三、小　结

通过因子分析和访谈研究，可以看出30多年来，成都市民的居住审美观发生了根本性的变化，居住审美意识由理性的伦理本位向感性的生活本位转化；居住审美方式由抽象的精神观照向感官享受的生存实践变革，其中居住需求的审美泛化、居住审美意识的世俗化、居住审美方式的多元化、居住消费的时尚化等趋势越来越明显。

首先，消费需求的审美泛化和审美意识的世俗化成为普遍性话语。

改革开放前，中国社会在消费品分配上以平均分配为基本方针。在这种分配体制下，人们的居住空间仅仅是解决基本生存问题，住房形式上的趋同和一致为人们所认可，没有"美"的意识和需求。而今天，住房被越来越多的艺术审美所充满，住房的实用性、功利性向艺术性、审美性转化。这种生活求美的心理意识所体现的是审美需求由以往的一味徘徊在精神领域转向物质追求，人们的审美意识不再局限于艺术，而是泛化扩展到生活的方方面面。艺术与大众之间往昔的那种传统界限如今已变得相当模糊，审美不再是艺术独擅的专利，也不再是远离人们日常生活的理想，而是世俗化为整个社会文化和大众日常生活本身的直观形式。建筑艺术也不再局限于公共大型建筑项目，生活与艺术、大众与精英、审美与享受之间的界限彻底消失，它普及化、民主化了，走进了人们的日常生活空间。

其次，人们的审美意识由理性的伦理本位向感性的物质本位转化。在生产力卓越的今天，房地产市场为人们提供了越来越多的选择可能性，住宅商品的丰富化和同质化无极限增长，住房的风格呈现出多元化的特征，于是选择方式本身也成了一种艺术形式，住房变成品位、个性的认知指标，住房的符号展示价值逐渐取代了使用价值。今天我们生活的空间都已被审美的光晕所笼罩，审美的场景为有控制的情感宣泄提供了一个世外桃源般的环境，让人的身体和情感相对短暂地放松。在这样的背景中，人们不知不觉、潜移默化地消解了现实与影像之间的差别，艺术赢得了超越现实的胜利，原来理性的以伦理为本位的审美意识让位给感性的以个人享受为诉求的物质本位审美意识。

最后，审美方式由抽象的精神观照向感官体验的生存实践变革，这种变革将审美从抽象的意识层次转化为具体的行为规范，成为当代中国人居住的实践方式，促使人们居住审美方式发生了真正意义上的革命。居住需求从功能型向舒适型转化，居住审美由单一走向多维，由平面走向立体，由规范、限定走向沟通、拓展和融合，呈现出多元化和时尚化的态势。这种将住房作为艺术作品的策划，使人们把居住理想等同于欲望的实现、自我的扩张和对新品位、新感觉的追求。消费快感赋予了人们强烈的消费意识，每个人都梦想生活在一个艺术作品般的世界之中。这种对审美的沉浸与强调，意味着一种全新的住房消费美学。

当前中国文化变革的核心问题，就是人们日常生活世界的审美意识的重建问题。居住空间是个体生存最重要的根基和寓所，表现了个体生存的真实状态。如果说，原来居住是一种无意为之的自在生活，那么现在，住房形式则是一种有意为之的自觉生活。今天，人们居住审美观念和审美方式所发生的巨大而深刻的转变，反映出消费文化的审美理念已经全面地渗透到当前中国社会生活的方方面面，消费文化已不再仅仅决定商品的外表，而且影响其内核，支配着文化社会总体，建构了人们的观念，这是一个确凿无疑的社会过程。

# 第五章 消费文化对社会空间的重构

　　城市社会空间结构研究兴起于 20 世纪二三十年代，以帕克（R. Park）为代表的芝加哥学派运用人类生态学和城市生态学的理论构建起城市空间结构的三大经典模型及演变模式（同心环、扇形和多核心模式）。第二次世界大战后，西方出现了大量的社会问题和社会矛盾，学者开始关注城市生产活动的各个方面，全面开始了城市社会空间结构的研究。受计量革命的影响，城市空间的研究集中在城市社区和因子生态分析方面。20 世纪后期，文化回归的思潮使得文化价值分析、伦理分析、情感分析等非物质的分析方法引入了对城市社会空间结构的解释，同时，实证主义、人本主义、结构主义等哲学思潮的涌现，扩展了城市社会空间结构的研究视角，社会空间研究更加注重社会与文化机制阐释，关注社会空间形成背后的社会结构、体制、权力等解析，体现出一种人文关怀。

　　对于社会空间的学术界定主要有三大视角：社会学、哲学和地理学。社会学视角的定义者主要是布尔迪厄。布尔迪厄认为，社会中的每个人都处于不同的位置和地位，构成不同的场所，这些"场所"即社会空间，这种空间以具有价值的各种形式的资本组成若干权力关系，人们通过在社会空间中的位置确定阶级规定性。从哲学视角看，社会空间是社会运动的扩延和伸展，是社会系统各要素之间的并存关系及其特点。社会空间本质是人的社会关系、人的活动的社会结构，社会建构空间，空间诠释社会，这是一种综合的社会——空间系统。地理学视角的定义者是 Murdie，他在 1971 年提出城市社会空间模型，实质是在城市物质实体空间之上叠加三种社会类型的空间—经济、家庭与民族状况。

　　一般而言，社会空间是社会现象所占据的城市空间，是城市社会分化在地域空间上的表现，是各种人类活动与功能组织在城市地域上的空间投影，包括土地利用结构、经济空间结构、社会空间结构、人口空间分布、就业空间结构、交通流动结构、生活活动空间结构等，其研究核心是空间形式和作为其内在机制的社会过程之间的关系。事实上，社会过程很大程度上致力于空间的建构，而反过来空间的表现可以阐释复杂的社会过程。

　　客观的社会分层结构在行为、消费、认同和社会意识等各个领域中产生的后果和影响以及它与集体行动的联系是一个十分复杂的问题。因此，阶层化研究不仅仅要研究分层结构的划分，还需要充分注意到其他因素与客观结构之间的关联。居住空间、社会交往、生活方式和阶层认同四个维度在客观结构和行动模式之间表现出某种递进的关系，其中居住方式更接近于客观结构，而阶层认同更接近于集体行动[1]。因此，分层结构和居住空间之间的关系很早就为研究者所注意。

　　20世纪80年代以来，中国处于深刻的社会经济变革中，这场变革使人们的居住空间也发生了革命性的变化，从而对当前社会结构产生了极大的影响，主要体现在居住空间分异与自我认同两个方面。这是两个既有联系又有区别的概念。空间分异指原本同一体中的个体由于各种差异产生了社会距离，从原来的群体中不断分化的过程，强调的是一种分离的动态过程，包含许多不同的类别型变量，需要做类别型数据处理，因此采用方差分析和卡方检定来研究。自我认同则是分异的结果，是指随着空间分异和区隔，各群体之间形成相互识别和认同的定位及由此产生的亚文化状态，采用因子分析法能更好地解释其成因和特征。这些分析方法虽然解释了社会空间的当前状况和构成因素，但无法说明其历史变迁的过程。因此，本书采用访谈法对实证研究进行补充，以期更准确客观地反映问题。

---

[1] 刘精明、李路路：《阶层化：居住空间、生活方式、社会交往与阶层认同——我国城镇社会阶层化问题的实证研究》，载《社会学研究》2005年第3期，第53-54页。

## 第一节　居住空间分异的实证研究

### 一、消费文化对居住空间分异的影响

居住分异是指城市居住空间分化，是城市空间结构演化过程中的重要现象。当城市居住空间呈现出以不同地位、收入、职业、风俗等同类趋于相对集中，而不相类似的则彼此分开的状态时，就产生了居住空间分异现象，"聚居在不同的空间范围内，整个城市形成一种居住分化甚至相互隔离的状况。在相对分异的区域内，同质人群有着相似的社会特性、遵循共同的风俗习惯和共同认可的价值观，保持着同一种亚文化。城市空间的整体性、连续性受其影响，呈现出一种被分割的不和谐状态"①。

居住空间是由个人微观网络所组成，在空间的功能性网络里投射和包含着人们的利益。居住分异导致相似阶层的横向联系加强，形成相互认同的社区与文化；纵向联系减弱，构成空间的区别和隔离。在以市场为主要调节机制的经济模式下，城市居住空间的分异在某种程度上是一种不可避免的现象。在现代社会学和人文地理学的研究中，有大量关于社会结构与居住空间关系的分析。居住空间的分化特征并非单纯的社会现象，同时也对人们的生活方式起着至关重要的影响和作用。

在古代等级社会中，处于不同等级阶梯中的人社会地位和社会身份都不同。在等级制度下，人们的消费方式也具有极其明显的等级特点，那些在社会等级结构中处于优势地位的群体，总是通过对某些物品的独特占有和消费方式来体现自己的身份和地位。其中，借助空间和建筑的布局来强化等级身份意识，通过空间来统治和管制社会，使人们生活在一系列不平衡发展和有区分的空间场景中是最显著也是最常用的手段。

现代社会是一个彻底资本化的社会，资本使土地、住宅市场化，空间成为利益争夺的焦点，这既是社会竞争的结果，又是社会秩序再生产的先决条件。这种支配空间的逻辑的直接后果就是居住空间的分异和隔离，包

---

① 吕露光：《从分异隔离走向和谐交往——城市社会交往研究》，载《学术界》2005 年 3 月第 112 期，第 106 页。

括了不同区位的居住差异和住房的价格差异，造成社会—空间的片段化、象征性与符号化。消费文化所要维持的正是这种符号象征系统的逻辑，使经济资本在转化为文化资本时也能享有很高的转化率，刺激和鼓励人们通过消费来转化财富，使人们沉迷在消费的满足感中，而这种区隔、模仿、超越、占有的符号游戏产生了一种人为的供应短缺和经常性的通货膨胀，使消费社会生产方式得以维系。

这种结果是与大规模的城市化进程相联系的，自 20 世纪 70 年代之后，随着资本全球化，发达国家进入后工业化时代。列菲弗尔认为，当前剩余价值形成和实现源于投机、建筑和地产发展的增长，这一过程中金融资本循环取代工业循环，生产方式的再生产转化为劳动力和社会一般秩序的再生产。莫姆德尔也认为当前资本转化的重要性不在于实现剩余价值，而是增加公共消费对剩余价值的吸收，城市空间的组织、生产与消费都依靠市场力量、地产资本以及各种竞争来完成。此时的城市是资本既竞争又合作的消费机器，通过两种途径演变：将奢华作为一种追求；大肆推销郊区及其相应的私人消费。其结果是对住宅的需求和以住宅为社会地位的表征得以强化。

## 二、居住空间分异实证研究

### 1. 居住空间分异类别型变量分析

居住空间分异类别型变量包括被调查者的个人月平均收入、受教育水平与住房来源、住房位置、住房性质。运用 SPSS 软件，笔者先对 868份调研问卷的结果进行统计，调查者的个人基本情况和住房情况见表 5-1。其中被调查项"月平均收入"，是包括工资、奖金、补贴及其他形式的劳动所得、他人赠予等所有收入，在研究中以 5 个档次进行衡量；受教育水平，在研究中分 3 档进行衡量；住房来源选取 5 种来源方式；住房位置，根据市区实际情况，划分为 6 个区域；住房性质，采用 5 种住房类型。

表 5-1　被调查者个人基本情况

| 变量 | | 频数 | 百分比/% | 累积百分比/% |
|---|---|---|---|---|
| 月平均收入 | 1 000～3 000 元 | 165 | 19.0 | 19.0 |
| | 3 001～5 000 元 | 288 | 33.3 | 52.3 |
| | 5 001～10 000 元 | 239 | 27.5 | 79.8 |
| | 10 001～30 000 元 | 116 | 13.4 | 93.1 |
| | 30 001 元以上 | 60 | 6.9 | 100.0 |
| | 合计 | 868 | 100.0 | |
| 教育水平 | 高中及以下 | 272 | 31.3 | 31.3 |
| | 大学专科或本科 | 491 | 56.5 | 87.9 |
| | 硕士及以上 | 105 | 12.1 | 100.0 |
| | 合计 | 868 | 100.0 | |
| 住房来源 | 单位分配 | 133 | 15.3 | 15.3 |
| | 出租房 | 189 | 21.8 | 37.1 |
| | 经济适用房 | 44 | 5.1 | 42.3 |
| | 与父母同住 | 86 | 9.9 | 52.1 |
| | 购买的商品房 | 416 | 47.9 | 100.0 |
| | 合计 | 868 | 100.0 | |
| 住房位置 | 城中心 | 110 | 12.7 | 12.7 |
| | 城东 | 160 | 18.5 | 31.2 |
| | 城南（包括高新南、天府新区） | 193 | 22.2 | 53.3 |
| | 城西 | 188 | 21.7 | 75.0 |
| | 城北 | 162 | 18.7 | 93.7 |
| | 郊区 | 55 | 6.3 | 100.0 |
| | 合计 | 868 | 100.0 | |
| 住房性质 | 自建房 | 143 | 16.5 | 16.5 |
| | 普通多层住宅 | 270 | 31.0 | 47.5 |
| | 电梯公寓 | 298 | 34.3 | 81.9 |
| | 花园洋房 | 105 | 12.1 | 94.0 |
| | 别墅 | 52 | 6.0 | 100.0 |
| | 合计 | 868 | 100.0 | |

## 2. 月平均收入与居住空间分异的关系

（1）月平均收入与住房来源方差分析。

月平均收入是连续型变量，住房来源是类别型变量，此处使用方差分析来考察月平均收入与住房来源两者之间的关系。

表5-2　月平均收入与住房来源方差分析

| 差异来源 | 离差平方和 | 自由度 | 均方 | F值 | 显著性 |
|---|---|---|---|---|---|
| 组间 | 303.958 | 4 | 75.989 | 97.648 | 0 |
| 组内 | 438.125 | 563 | 0.778 | | |
| 全部 | 742.083 | 567 | | | |

从表5-2的月平均收入与住房来源方差分析中可以发现当被调查者以不同的住房来源进行分组对比时，其月收入水平的组间差异是非常显著的，显著性为0，这充分说明不同的月收入水平的被调查者所居住的房屋来源有显著差异。

表5-3　不同住房来源的月收入差异比较

| （I）住房来源 | （J）住房来源 | 均值差（I−J） | 标准误差值 | 显著性 | 95%置信区间 下限 | 上限 |
|---|---|---|---|---|---|---|
| 单位分配 | 出租房 | 1.08* | 0.123 | 0 | 0.70 | 1.46 |
| | 经济适用房 | 0.28 | 0.189 | 0.712 | −0.31 | 0.86 |
| | 与父母同住 | 0.13 | 0.151 | 0.951 | −0.34 | 0.59 |
| | 购买的商品房 | −0.78* | 0.109 | 0 | −1.11 | −0.44 |
| 出租房 | 单位分配 | −1.08* | 0.123 | 0 | −1.46 | −0.70 |
| | 经济适用房 | −0.80* | 0.182 | 0.001 | −1.36 | −0.24 |
| | 与父母同住 | −0.95* | 0.142 | 0 | −1.39 | −0.51 |
| | 购买的商品房 | −1.85* | 0.096 | 0 | −2.15 | −1.56 |

| （I）住房来源 | （J）住房来源 | 均值差（I−J） | 标准误差值 | 显著性 | 95%置信区间 | |
|---|---|---|---|---|---|---|
| | | | | | 下限 | 上限 |
| 经济适用房 | 单位分配 | −0.28 | 0.189 | 0.712 | −0.86 | 0.31 |
| | 出租房 | 0.80* | 0.182 | 0.001 | 0.24 | 1.36 |
| | 与父母同住 | −0.15 | 0.202 | 0.969 | −0.77 | 0.47 |
| | 购买的商品房 | −1.05* | 0.172 | 0 | −1.58 | −0.52 |
| 与父母同住 | 单位分配 | −0.13 | 0.151 | 0.951 | −0.59 | 0.34 |
| | 出租房 | −0.95* | 0.142 | 0 | 0.51 | 1.39 |
| | 经济适用房 | 0.15 | 0.202 | 0.969 | −0.47 | 0.77 |
| | 购买的商品房 | −0.90* | 0.129 | 0 | −1.30 | −0.50 |
| 购买的商品房 | 单位分配 | 0.78* | 0.109 | 0 | 0.44 | 1.11 |
| | 出租房 | 1.85* | 0.096 | 0 | 1.56 | 2.15 |
| | 经济适用房 | 1.05* | 0.172 | 0 | 0.52 | 1.58 |
| | 与父母同住 | 0.90* | 0.129 | 0 | 0.50 | 1.30 |

均值差的显著性水平为 0.05

分析如下：

① 住房来源为"单位分配"的被调查者的月平均收入，与住房来源为"出租房"和"购买的商品房"的被调查者的月平均收入对比有显著差异。"单位分配"的被调查者的月平均收入，与"出租房"的被调查者的月平均收入的组间差异为 1.08，差异的显著性为 0；"单位分配"的被调查者的月平均收入，与"购买的商品房"的被调查者的月平均收入的组间差异为 −0.78，差异的显著性为 0；"单位分配"的被调查者的月平均收入，与"经济适用房"和"与父母同住"的被调查者的月平均收入的组间差异较小，差异

不显著性。

②住房来源为"出租房"的被调查者的月平均收入，与其他住房来源的被调查者的月平均收入对比，均有显著差异，差异的显著性均小于临界值0.05。

③住房来源为"经济适用房"的被调查者的月平均收入，与住房来源为"出租房"和"购买的商品房"的被调查者的月平均收入对比，有显著差异。"经济适用房"的被调查者的月平均收入，与"出租房"的被调查者的月平均收入的组间差异为－1.08，差异的显著性为0；"经济适用房"的被调查者的月平均收入，与"购买的商品房"的被调查者的月平均收入的组间差异为－1.85，差异的显著性为0；"经济适用房"的被调查者的月平均收入，与"单位分配"和"与父母同住"的被调查者的月平均收入的组间差异较小，差异不显著。

④住房来源为"与父母同住"的被调查者的月平均收入，与住房来源为"出租房"和"购买的商品房"的被调查者的月平均收入对比，有显著差异。"与父母同住"的被调查者的月平均收入，与"出租房"的被调查者的月平均收入的组间差异为0.95，差异的显著性为0；"与父母同住"的被调查者的月平均收入，与"购买的商品房"的被调查者的月平均收入的组间差异为－0.90，差异的显著性为0；"与父母同住"的被调查者的月平均收入，与"单位分配"和"经济适用房"的被调查者的月平均收入的组间差异较小，差异不显著。

⑤住房来源为"购买的商品房"的被调查者的月平均收入，与其他住房来源的被调查者的月平均收入对比，均有显著差异，差异的显著性均小于临界值0.05。

通过不同住房来源的月收入差异比较，可以发现被调查者的月平均收入对住房来源的差异的影响是非常显著的。

（2）月平均收入与住房位置方差分析。

月平均收入是连续型变量，住房位置是类别型变量，此处使用方差分析来考察月平均收入与住房位置两者之间的关系。

表 5-4　月平均收入与住房位置方差分析

| 差异来源 | 离差平方和 | 自由度 | 均方 | F 值 | 显著性 |
|---|---|---|---|---|---|
| 组间 | 337.476 | 5 | 67.495 | 93.751 | 0 |
| 组内 | 404.607 | 562 | 0.720 | | |
| 全部 | 742.083 | 567 | | | |

从表 5-4 的月平均收入与住房位置方差分析中，可以发现当被调查者以不同的住房位置进行分组对比时，其月收入水平的组间差异是非常显著的，显著性为 0，这充分说明不同的月收入水平的被调查者所居住的房屋位置有显著差异。

表 5-5　不同住房位置的月收入差异比较

| （I）住房区域 | （J）住房位置 | 均值差（I－J） | 标准误差值 | 显著性 | 95%置信区间 下限 | 95%置信区间 上限 |
|---|---|---|---|---|---|---|
| 城中心 | 城东 | 0.67* | 0.130 | 0 | 0.24 | 1.10 |
| | 城南 | －0.79* | 0.125 | 0 | －1.20 | －0.37 |
| | 城西 | －0.92* | 0.126 | 0 | －1.34 | －0.50 |
| | 城北 | 0.52* | 0.130 | 0.007 | 0.09 | 0.95 |
| | 郊区 | 1.50* | 0.173 | 0 | 0.92 | 2.08 |
| 城东 | 城中心 | －0.67* | 0.130 | 0 | －1.10 | －0.24 |
| | 城南 | －1.46* | 0.112 | 0 | －1.83 | －1.08 |
| | 城西 | －1.59* | 0.113 | 0 | －1.97 | －1.22 |
| | 城北 | －0.15 | 0.117 | 0.888 | －0.54 | 0.24 |
| | 郊区 | 0.83* | 0.164 | 0 | 0.28 | 1.38 |

| （I）住房区域 | （J）住房位置 | 均值差（I−J） | 标准误差值 | 显著性 | 95%置信区间 | |
|---|---|---|---|---|---|---|
| | | | | | 下限 | 上限 |
| 城南 | 城中心 | 0.79* | 0.125 | 0 | 0.37 | 1.20 |
| | 城东 | 1.46* | 0.112 | 0 | 1.08 | 1.83 |
| | 城西 | − 0.14 | 0.108 | 0.898 | − 0.50 | 0.22 |
| | 城北 | 1.30* | 0.112 | 0 | 0.93 | 1.68 |
| | 郊区 | 2.29* | 0.160 | 0 | 1.75 | 2.82 |
| 城西 | 城中心 | 0.92* | 0.126 | 0 | 0.50 | 1.34 |
| | 城东 | 1.59* | 0.113 | 0 | 1.22 | 1.97 |
| | 城南 | 0.14 | 0.108 | 0.898 | − 0.22 | 0.50 |
| | 城北 | 1.44* | 0.112 | 0 | 1.07 | 1.82 |
| | 郊区 | 2.42* | 0.161 | 0 | 1.89 | 2.96 |
| 城北 | 城中心 | − 0.52* | 0.130 | 0.007 | − 0.95 | − 0.9 |
| | 城东 | 0.15 | 0.117 | 0.888 | − 0.24 | 0.54 |
| | 城南 | − 1.30* | 0.112 | 0 | − 1.68 | − 0.93 |
| | 城北 | − 1.44* | 0.112 | 0 | − 1.82 | − 1.07 |
| | 郊区 | 0.98* | 0.164 | 0 | 0.43 | 1.53 |
| 郊区 | 城中心 | − 1.50* | 0.173 | 0 | − 2.08 | − 0.92 |
| | 城东 | − 0.83* | 0.164 | 0 | − 1.38 | − 0.28 |
| | 城南 | − 2.29* | 0.160 | 0 | − 2.82 | − 1.75 |
| | 城北 | − 2.42* | 0.161 | 0 | − 2.96 | − 1.89 |
| | 郊区 | − 0.98* | 0.164 | 0 | − 1.53 | − 0.43 |

均值差的显著性水平为 0.05

分析如下：

① 住房位置为"城中心"的被调查者的月平均收入，与其他住房位置的被调查者的月平均收入对比，均有显著差异，差异的显著性均小于临界值 0.05。

② 住房位置为"城东"的被调查者的月平均收入，与住房位置为"城中心""城南""城西"和"郊区"的被调查者的月平均收入对比，有显著差异，差异的显著性为 0；住房位置为"城东"的被调查者的月平均收入，与"城北"的被调查者的月平均收入的组间差异较小，差异不显著。

③ 住房位置为"城南"的被调查者的月平均收入，与住房位置为"城中心""城东""城北"和"郊区"的被调查者的月平均收入对比，有显著差异，差异的显著性为 0；住房位置为"城南"的被调查者的月平均收入，与"城西"的被调查者的月平均收入的组间差异较小，差异不显著。

④ 住房位置为"城西"的被调查者的月平均收入，与住房位置为"城中心""城东""城北"和"郊区"的被调查者的月平均收入对比，有显著差异，差异的显著性为 0；住房位置为"城西"的被调查者的月平均收入，与"城南"的被调查者的月平均收入的组间差异较小，差异不显著。

⑤ 住房位置为"城北"的被调查者的月平均收入，与住房位置为"城中心""城南""城西"和"郊区"的被调查者的月平均收入对比，有显著差异，差异的显著性均小于临界值 0.05；住房位置为"城北"的被调查者的月平均收入，与"城东"的被调查者的月平均收入的组间差异较小，差异不显著。

⑥ 住房位置为"郊区"的被调查者的月平均收入，与其他住房位置的被调查者的月平均收入对比，均有显著差异，差异的显著性均小于临界值 0.05。

从不同住房位置的月收入差异比较，可以发现被调查者的月平均收入对住房位置的差异的影响是非常显著的。

（3）月平均收入与住房性质方差分析。

月平均收入是连续型变量，住房性质是类别型变量，此处使用方差分析来考察月平均收入与住房性质两者之间的关系。

表 5-6　月平均收入与住房性质方差分析

| 差异来源 | 离差平方和 | 自由度 | 均方 | F 值 | 显著性 |
|---|---|---|---|---|---|
| 组间 | 535.320 | 4 | 133.830 | 364.410 | 0 |
| 组内 | 206.762 | 563 | 0.367 | | |
| 全部 | 742.083 | 567 | | | |

从表 5-6 的月平均收入与住房性质方差分析中，可以发现当被调查者以不同的住房性质进行分组对比时，其月收入水平的组间差异是非常显著的，显著性为 0，这充分说明不同的月收入水平的被调查者所居住的房屋性质有显著差异。

表 5-7　不同住房性质的月收入差异比较

| （I）住房性质 | （J）住房性质 | 均值差（I-J） | 标准误差值 | 显著性 | 95%置信区间 | |
|---|---|---|---|---|---|---|
| | | | | | 下限 | 上限 |
| 自建房 | 普通多层住宅 | − 0.65* | 0.077 | 0 | − 0.89 | − 0.41 |
| | 电梯公寓 | − 1.52* | 0.076 | 0 | − 1.75 | − 1.28 |
| | 花园洋房 | − 2.76* | 0.096 | 0 | − 3.06 | − 2.46 |
| | 别墅 | − 3.38* | 0.121 | 0 | − 3.75 | − 3.00 |
| 普通多层住宅 | 普通多层住宅 | 0.65* | 0.077 | 0 | 0.41 | 0.89 |
| | 电梯公寓 | − 0.87* | 0.063 | 0 | − 1.06 | − 0.67 |
| | 花园洋房 | − 2.11* | 0.086 | 0 | − 2.38 | − 1.84 |
| | 别墅 | − 2.73* | 0.114 | 0 | − 3.08 | − 2.38 |
| 电梯公寓 | 普通多层住宅 | 1.52* | 0.076 | 0 | 1.28 | 1.75 |
| | 电梯公寓 | 0.87* | 0.063 | 0 | 0.67 | 1.06 |
| | 花园洋房 | − 1.24* | 0.085 | 0 | − 1.50 | − 0.98 |
| | 别墅 | − 1.86* | 0.113 | 0 | − 2.21 | − 1.51 |

| （Ｉ）住房性质 | （Ｊ）住房性质 | 均值差<br>（I－J） | 标准误差值 | 显著性 | 95%置信区间 | |
|---|---|---|---|---|---|---|
| | | | | | 下限 | 上限 |
| 花园洋房 | 普通多层住宅 | 2.76* | 0.096 | 0 | 2.46 | 3.06 |
| | 电梯公寓 | 2.11* | 0.086 | 0 | 1.84 | 2.38 |
| | 花园洋房 | 1.24* | 0.085 | 0 | 0.98 | 1.50 |
| | 别墅 | － 0.62* | 0.127 | 0 | － 1.01 | － 0.23 |
| 别墅 | 普通多层住宅 | 3.38* | 0.121 | 0 | 3.00 | 3.75 |
| | 电梯公寓 | 2.73* | 0.114 | 0 | 2.38 | 3.08 |
| | 花园洋房 | 1.86* | 0.113 | 0 | 1.51 | 2.21 |
| | 别墅 | 0.62* | 0.127 | 0 | 0.23 | 1.01 |

均值差的显著性水平为 0.05

分析如下：

① 住房性质为"自建房"的被调查者的月平均收入，与其他住房性质的被调查者的月平均收入对比，均有显著差异，差异的显著性为 0，小于临界值 0.05。

② 住房性质为"普通多层住宅"的被调查者的月平均收入，与其他住房性质的被调查者的月平均收入对比，均有显著差异，差异的显著性为 0，小于临界值 0.05。

③ 住房性质为"电梯公寓"的被调查者的月平均收入，与其他住房性质的被调查者的月平均收入对比，均有显著差异，差异的显著性为 0，小于临界值 0.05。

④ 住房性质为"花园洋房"的被调查者的月平均收入，与其他住房性质的被调查者的月平均收入对比，均有显著差异，差异的显著性为 0，小于临界值 0.05。

⑤ 住房性质为"别墅"的被调查者的月平均收入，与其他住房性质的被调查者的月平均收入对比，均有显著差异，差异的显著性为 0，小于临界值 0.05。

从不同住房性质的月收入差异比较，可以发现被调查者的月平均收入对住房性质的差异的影响是非常显著的。

（4）结论：通过月收入与住房来源、住房位置、住房形态的方差分析，可以得出家庭月收入与居住空间分异成正向相关关系的结论。居住空间的隔离与城市居民收入差别状况密切相关，家庭月收入越高，住房的档次也越高；经济实力越弱的群体，住房条件越差，要么是无力改变居住现状，要么是靠租房解决居住问题。

### 3. 受教育水平与居住空间分异的关系

（1）受教育水平与住房来源卡方检定。

受教育水平与住房来源都是类别型变量，此处使用卡方检定来考察受教育水平与住房来源两者之间的关系。

表5-8列出了不同受教育水平的被调查者所居住的住房来源。

表5-8 受教育水平与住房来源列联表

| 题项 | | | 住房来源 | | | | | 总计 |
|---|---|---|---|---|---|---|---|---|
| | | | 单位分配 | 出租房 | 经济适用房 | 与父母同住 | 购买的商品房 | |
| 教育水平 | 高中及以下 | 计数 | 8 | 110 | 18 | 26 | 110 | 272 |
| | | 占教育水平的百分比/% | 2.8 | 40.4 | 6.7 | 9.6 | 40.4 | 100.0 |
| | | 占住房来源的百分比/% | 5.7 | 58.1 | 41.4 | 30.4 | 26.5 | 31.3 |
| | 大学专科或本科 | 计数 | 110 | 71 | 26 | 127 | 59 | 225 |
| | | 占教育水平的百分比/% | 22.4 | 14.3 | 5.3 | 12.1 | 45.8 | 100.0 |
| | | 占住房来源的百分比/% | 82.8 | 37.1 | 58.6 | 69.6 | 54.0 | 56.5 |
| | 硕士及以上 | 计数 | 15 | 9 | | | 81 | 105 |
| | | 占教育水平的百分比/% | 14.5 | 8.7 | | | 76.8 | 100.0 |
| | | 占住房来源的百分比/% | 11.5 | 4.8 | | | 19.5 | 12.1 |
| 总计 | | 计数 | 133 | 190 | 44 | 85 | 416 | 868 |
| | | 占教育水平的百分比/% | 15.3 | 21.8 | 5.1 | 9.9 | 47.9 | 100.0 |
| | | 占住房来源的百分比/% | 100.0 | 100.0 | 100.0 | 100.0 | 100.0 | 100.0 |

如表 5-8 所示，教育水平"高中及以下"的被调查者共 272 人，其中有 8 人住房来源为"单位分配"，110 人为"出租房"，26 人为"与父母同住"，110 人为"购买的商品房"。

表 5-9 中，受教育水平与住房来源的卡方检定显示，不同受教育水平的被调查者所居住的房屋来源差异性皮尔森卡方值（Pearson Chi-Square）的显著性（双侧）（Asymp.Sig.2-sided）为 0，这充分说明不同受教育水平的被调查者所居住的房屋来源有显著差异。

表 5-9　受教育水平与住房来源卡方检验

| 题项 | 数值 | 自由度 | 显著性（双侧检验） |
|---|---|---|---|
| 皮尔森卡方值 | 98.216 | 8 | 0 |
| 似然度 | 111.661 | 8 | 0 |
| 线性拟合 | 5.989 | 1 | 0.014 |
| 有效样本数 | 868 | | |

（2）受教育水平与住房位置卡方检定。

受教育水平与住房位置都是类别型变量，此处使用卡方检定来考察受教育水平与住房位置两者之间的关系。

表 5-10 列出了不同受教育水平的被调查者所居住的住房位置。

表 5-10　受教育水平与住房位置列联表

| 题项 | | | 住房来源 | | | | | | 总计 |
|---|---|---|---|---|---|---|---|---|---|
| | | | 城中心 | 城东 | 城南 | 城西 | 城北 | 郊区 | |
| 教育水平 | 高中及以下 | 计数 | 55 | 72 | 27 | 18 | 54 | 46 | 272 |
| | | 占教育水平的百分比/% | 20.2 | 26.4 | 10.1 | 6.7 | 19.7 | 16.9 | 100.0 |
| | | 占住房来源的百分比/% | 50.0 | 44.8 | 14.3 | 9.8 | 33.0 | 83.3 | 31.3 |

| 题项 | | | 住房来源 | | | | | | 总计 |
|---|---|---|---|---|---|---|---|---|---|
| | | | 城中心 | 城东 | 城南 | 城西 | 城北 | 郊区 | |
| 教育水平 | 大学专科或本科 | 计数 | 46 | 81 | 119 | 83 | 127 | 109 | 491 |
| | | 占教育水平的百分比/% | 9.3 | 16.5 | 24.3 | 25.9 | 22.1 | 1.9 | 100.0 |
| | | 占住房来源的百分比/% | 41.7 | 50.5 | 61.9 | 67.5 | 67.0 | 16.7 | 56.5 |
| | 硕士及以上 | 计数 | 9 | 8 | 46 | 42 | | | 105 |
| | | 占教育水平的百分比/% | 8.7 | 7.2 | 43.5 | 40.6 | | | 100.0 |
| | | 占住房来源的百分比/% | 8.3 | 4.8 | 23.8 | 22.8 | | | 12.1 |
| 总计 | | 计数 | 110 | 161 | 192 | 187 | 163 | 55 | 868 |
| | | 占教育水平的百分比/% | 12.7 | 18.5 | 22.2 | 21.9 | 18.7 | 6.3 | 100.0 |
| | | 占住房来源的百分比/% | 100.0 | 100.0 | 100.0 | 100.0 | 100.0 | 100.0 | 100.0 |

如表 5-10 所示，教育水平"高中及以下"的被调查者共 272 人，其中有 55 人住房位置为"城中心"，72 人为"城东"，27 人为"城南"，18 人为"城西"，54 人为"城北"，46 人为"郊区"。

表 5-11 中，受教育水平与住房位置的卡方检定显示，不同受教育水平的被调查者所居住的房屋位置差异性皮尔森卡方值（Pearson Chi-Square）的显著性（双侧）（Asymp. Sig. 2-sided）为 0，这说明不同受教育水平的被调查者所居住的房屋位置有显著差异。

表 5-11  受教育水平与住房位置卡方检定

| 题项 | 数值 | 自由度 | 显著性（双侧检验） |
|---|---|---|---|
| 皮尔森卡方值 | 142.430 | 10 | 0 |
| 似然度 | 157.723 | 10 | 0 |
| 线性拟合 | 0.048 | 1 | 0.827 |
| 有效样本数 | 868 | | |

（3）受教育水平与住房性质卡方检定。

受教育水平与住房性质都是类别型变量，此处使用卡方检定来考察受教育水平与住房性质两者之间的关系。

表 5-12 列出了不同受教育水平的被调查者所居住的住房性质。

表 5-12　受教育水平与住房性质列联表

| 题项 | | | 住房性质 | | | | | 总计 |
|---|---|---|---|---|---|---|---|---|
| | | | 自建房 | 普通多层住宅 | 电梯公寓 | 花园洋房 | 别墅 | |
| 教育水平 | 高中及以下 | 计数 | 101 | 80 | 73 | 9 | 9 | 272 |
| | | 占教育水平的百分比/% | 37.1 | 29.2 | 27.0 | 3.4 | 3.4 | 100.0 |
| | | 占住房性质的百分比/% | 70.2 | 29.5 | 24.6 | 8.7 | 17.6 | 31.3 |
| | 大学专科或本科 | 计数 | 43 | 174 | 179 | 61 | 34 | 491 |
| | | 占教育水平的百分比/% | 8.7 | 35.5 | 36.4 | 12.5 | 6.9 | 100.0 |
| | | 占住房性质的百分比/% | 29.8 | 64.8 | 60.0 | 58.0 | 64.7 | 56.5 |
| | 硕士及以上 | 计数 | | 15 | 46 | 35 | 9 | 105 |
| | | 占教育水平的百分比/% | | 14.5 | 43.5 | 33.3 | 8.7 | 100.0 |
| | | 占住房性质的百分比/% | | 5.7 | 15.4 | 33.3 | 17.6 | 12.1 |
| 总计 | | 计数 | 143 | 269 | 298 | 105 | 52 | 868 |
| | | 占教育水平的百分比/% | 16.5 | 31.0 | 34.3 | 12.1 | 6.0 | 100.0 |
| | | 占住房性质的百分比/% | 100.0 | 100.0 | 100.0 | 100.0 | 100.0 | 100.0 |

如表 5-12 所示，教育水平"高中及以下"的被调查者共 272 人，其中有 101 人住房性质为"自建房"，80 人为"普通多层住宅"，73 人为"电梯公寓"，9 人为"花园洋房"，9 人为"别墅"。

表 5-13 中，受教育水平与住房性质的卡方检定显示，不同受教育水平的被调查者所居住的房屋性质差异性皮尔森卡方值（Pearson Chi-Square）的显著性（双侧检验）（Asymp. Sig. 2-sided）为 0，这充分说明不同受教育水平的被调查者所居住的房屋性质有显著差异。

表 5-13　受教育水平与住房性质卡方检定

| 题项 | 数值 | 自由度 | 显著性（双侧检验） |
|---|---|---|---|
| 皮尔森卡方值 | 121.997 | 8 | 0 |
| 似然度 | 122.025 | 8 | 0 |
| 线性拟合 | 81.824 | 1 | 0 |
| 有效样本数 | 868 | | |

（4）结论。

通过受教育水平与住房来源、住房位置、住房形态的卡方检定分析，可以得出受教育水平与居住空间分异成正向相关关系的结论。受教育水平越高，住房的档次也越高，反之越低。大多数受教育水平较高的人的住房集中在城南、城西和近郊别墅区，而受教育水平较低的人的住房范围主要在内环、城北和城东。

## 第二节　自我认同实证研究

### 一、消费文化对自我认同的影响

认同作为一个心理学范畴，基本上是从个体与群体的关系角度来理解的。每个人都会属于不同的群体，而每个群体，不管意识到还是没有意识到，都会有自己的标识。社会成员总是试图依靠这些标识来确定自己。后现代学者韦克斯认为："认同乃关于隶属，即关于你和一些人有何共同之处，以及你和他者有何区别之处，从它的最基本处来说，认同给你一种个人的所在感，给你的个体性以稳固的核心。认同也是有关于你的社会关系，你与他者的复杂牵连。"[1]韦克斯强调认同是个人与群体的社会关系，其核心

---

[1] Weeks Jeffrey. "The Value of Difference" in Jonathan Rutherford, ed.Identity: Communtity, Culture, Difference. London: Ishsrt, 1998.

是个人的归属感。换句话说，就是个人在群体或社会中的位置，解决的是"我在哪儿"的问题。沙莲香认为，"认同是一种心理学，用来解释人格统合机制的概念，即认同是维系人格与社会文化之间互动，维持人格统一性和一贯性的内在力量，因此又用来表示主体性、归属感"①。

自我认同是一种社会定位过程。英国社会学家安东尼·吉登斯十分强调通过社会关系网来定位自我，他说："一种社会定位需要在某个社会关系网中确认某种类别，伴有一系列特定的规范约束……它同时蕴含一种特定的特权与责任，该行动者会充分利用这些东西构成与此位置相连的角色规定。"②吉登斯对社会定位的理解带有很强的角色论的痕迹，也就是说，通过社会定位，个人在社会关系网中找到自己的位置，从而确定了自己的认同，之后就必须扮演与之相应的角色，执行相应的权利和义务。那么，如何来进行自我定位呢？理查德为这个问题的理解提供了线索，他认为，"认同"一词有两种含义：第一，同一性；第二，独特性。因此"认同"揭示了相似和差别的关系。同一与差别是认同的两个不同的方面。一个人的前后同一特性或一群成员之间的相似性同时也构成了与其他人的差别。③既然认同包括相似和差别两个方面，那么认同过程就是追求与他人相似或者与他人相区别的过程，以确定个人或集体的边界，之后，人也就获得了社会关系网中的位置，从而确定了自我。因此，自我认同有两层意义：一是群体属性认同，通过集体间的相似性和差异性来界定；二是个体属性认同，通过个人与他人的相似性和差异来界定。

自我认同在日常生活中具有十分重要的作用。我们每个人在社会生活中都会有自己的定位，使人有了一个本体的支点，自我认同的缺乏或混乱会使个人在社会中有可能变得无所依附，这是非常危险的事情。另外，自我认同也是社会互动的基础。在社会生活中，人们通过自我认同对自己与他们的关系进行定位，确定自己在社会生活中的地位，形象和角色。人们还对"他人"进行了解和分类，人们首先要认清对方的身份，要对对方的

---

① 沙莲香：《社会心理学》，北京：中国人民大学出版社 2002 年版，序言第 3 页。
② [美]安东尼·吉登斯：《现代性与自我认同》，赵旭东、方文译，北京：生活·读书·新知三联书店，1998 年，第 161-162 页。
③ Jenkins Richard.Social Identity. London:Routledge, 1996, pp.3-4.

所属群体和个人特征有一个大概的识别，这样才能使互动顺利进行。

在人类社会发展的早期阶段，由于自然生存状态比较恶劣，集体主义精神十分重要。在这种状况下，个人必须学会放弃自我而更多地表现为与他人的相似，保持所属集体的一致性。但到了近代社会，尤其是进入消费社会以后，社会民主化使得人与人之间的关系与以前相比更加平等。人们的消费方式与以前相比面临着更多的选择，消费主体具有了更多的对自我认同进行主动建构的能力。

对自我的建构通过强调个人生活品位和差异来体现。尽管品位差别和阶级差别一样，都是通过生活方式或消费方式将自己归属于一定的社会群体，但是阶级差别强调的是自己在社会阶级结构中所处的位置，强调的是地位感和阶级感。而生活品位是通过群体内独特的消费方式将本群体与其他群体区别开来，按照生活方式的不同来进行社会群体分类。与阶级相比，消费社会中的自我认同体系有较强的不稳定性，消费方式的自我建构更具明显的社会心理学倾向。这不仅表现在消费方式对自我认同建构的主动性更强，更重要的是消费方式所追求和建构的目标——自我，是一个更抽象的概念。因此，西方学界对消费的差别分析转向自我认同的分析。凡勃伦最早提出消费方式的竞争与自我认同有关，他采用社会心理学的分析路径，提出有闲和炫耀性消费都是为了获得荣誉，是建构个人身份和提高社会地位的重要手段。布尔迪厄认为，客观社会位置与存在于象征体系中的外显行为——生活风格构成了社会空间的两个层面，后者涉及个人的艺术与知识鉴赏能力，鉴赏力使对象分类，也使分类者分类，包括谈吐、仪态、举止、家居、服饰、饮食等消费过程中表现出的"惯习"，主要是由个人的文化资本和经济资本的拥有量不同造成的。在现代社会中，消费越来越多地表现出个人主义化的趋势，特定的生活方式、个人品位等文化的因素成为社会分层的基本的结构性特征。美国学者保罗·福塞尔受布尔迪厄的启发，对美国社会进行了大量考察之后也认为，正是人们的生活品位决定了他们所属的社会阶层，而这些品位能从日常生活中表现出来。日常生活方式中的每一个细节都可以成为自我认同的标志。金钱并不是决定所属阶层的唯一因素，与金钱同样重要的因素还有品位和感觉。界定一个人的社会地位，关键因素并非金钱，而是他们拥有金钱的方式，品位的重要功能是根据消费方式的差别进行社会分类。人们在选择消费方式的同时也在寻找自己的所属群体，进而认同自己，现代消费选择的多样性是人们通过品位来获得集体归属感和自我认同的基础。

在通过消费方式区分和建构自我的过程中，出现了一种逆倾向——群体疏离感。它通过强调自己不属于任何一个社会群体来进行自我定位，强调的不是群体内部的一致性和群体间的差异，而是自己与他人的差异，而且这种认同趋势在消费社会里越来越占主导地位。这是一种独立而完整的自我存在，消费选择是内部自我形象向外的投射。消费方式的建构和维护以塑造自我为出发点，同时在塑造自我的过程中实现自我。吉登斯在《现代性与自我认同》中说："个体所生存的情境愈是后传统的，生活风格就愈多地关涉自我认同的真实核心，即它的生成或重新生成。"①追求自我感不一定是为了提高自己的社会地位，而是为了培养一种自我实现感和自我成就感。在日常生活领域，个体自我感的加强表现为强调独一无二的个性和品位，以及消费方式中的成就感，强调所谓"我是我，而不是别的"。

这是因为在消费社会里，社会地位群体的成员资格，已不能再给人们提供认同感、归属感和确定感，只有通过消费建立自我与客体、集体和世界之间的关系，才能获得自我的建构意义。消费社会中，人与物的关系、人与人的关系都被符号化了，商品被用于标示权力、地位、等级等社会关系内涵，并在此基础上建构起新型的社会关系，在这个系统中消费活动作为社会分类和区分过程存在，对整个社会进行控制和约束。它体现了一种差别次序，"物"作为一种符码标示着身份和地位，对"物"的消费已经成为人们自我表达与认同的主要形式与意义来源，成为社会结构和社会秩序及其内在区分的主要基础。之所以这样，是因为要对大众的消费行为施加控制力和影响力，维持特定生产模式的再生产与经济增长概念之间的有效性。于是，人与人之间的区分是由消费带来的区分，人们被塑造成与他们所消费的东西的认同，这正是消费文化的深刻性之所在。

---

① [美]安东尼·吉登斯：《现代性与自我认同》，南京：译林出版社 2000 年版，第 93 页。

## 二、自我认同实证研究

### 1. 样本问卷的信度检验

样本问卷的信度检验此处用内部一致性（intemal consistency）。内部一致性关注不同问卷题目所带来测试结果的差异，不同问卷题目得出同样的测试结果便符合内部一致性。内部一致性指标在问卷观测法中经常用到，其中 Cronbach α 系数法常用于定距尺度的测量问卷。

本书使用了 9 个题项，具体如下：

（1）住房应该与自己的收入相符合。

（2）有钱人住好房子，没钱人住差房子。

（3）住房应该与自己的生活习惯相符合。

（4）喜欢快节奏的人住在城南新区，喜欢慢节奏的人住在老城区。

（5）如果有钱会购买最高档的住房。

（6）城南新区的住房很时尚很国际范，老城区的住房很有老成都的文化氛围。

（7）高层电梯公寓和别墅混住在一起感到很难受。

（8）当您的朋友、同事居住在某一片区时，您也会在此地购买住房。

（9）同一个住宅小区里的住户，应该有相似的收入、职业和受教育程度。

此处克朗巴哈系数（Cronbach α）检验法用统计软件完成，结果见表 5-14。

表 5-14　住房与身份认同量表信度检验 1

| 题项 | 每个项目得分与剩余各项目得分间的相关系数 | 删除该题项后的相关系数 |
|------|------|------|
| E1 | 0.550 6 | 0.781 9 |
| E2 | 0.403 1 | 0.805 0 |
| E3 | 0.556 9 | 0.780 5 |
| E4 | 0.468 6 | 0.793 3 |
| E5 | 0.420 5 | 0.798 6 |
| E6 | 0.500 3 | 0.789 4 |
| E7 | 0.598 2 | 0.776 1 |
| E8 | 0.540 5 | 0.782 9 |
| E9 | 0.529 3 | 0.784 3 |

信度系数（Reliability Coefficients）中，样本量（N of Cases）=868；题项数（N of Items）=9；α 系数（Alpha）=0.807 2

结果显示出克朗巴哈系数（Cronbach α）值为 0.807 2，结构信度较好。但结果同时显示题项 2"有钱人住好房子，没钱人住差房子"和题项 5"如果有钱会购买最高档的房子"的"每个项目得分与剩余各项目得分间的相关系数"（Corrected Item-Total Correlation）为 0.403 1 和 0.420 5，太小。如果删除题项 2 和题项 5，问卷的信度将会提高。因此删除题项 2 和题项 5，再做一次信度检验。见表 5-15。

表 5-15　住房与身份认同量表—信度检验 2

| 题项 | 每个项目得分与剩余各项目得分间的相关系数 | 删除该题项后的相关系数 |
|------|------|------|
| E1 | 0.504 8 | 0.793 5 |
| E3 | 0.529 1 | 0.790 9 |
| E4 | 0.467 1 | 0.799 5 |
| E6 | 0.498 9 | 0.794 5 |
| E7 | 0.642 4 | 0.769 0 |
| E8 | 0.609 4 | 0.774 5 |
| E9 | 0.594 0 | 0.777 5 |

信度系数（Reliability Coefficients）中，样本量（N of Cases）=868；题项数（N of Items）=7；α 系数（Alpha）=0.810 9

结果显示克朗巴哈系数（Cronbach α）值为 0.810 9，表明问卷信度的信度好。各题项的"每个项目得分与剩余各项目得分间的相关系数"（Corrected Item-Total Correlation）均在可接受范围内。因此留下住房与身份认同的其余 7 个题项做因子分析。

## 2. 因子分析结果

对所有观测变量值做 KMO 检验与巴特利特（Bartlett）球形检验（如表 5-16 所示），以鉴定观测数据是否适合进行因子分析。

表 5-16 巴特利特球形检验和 KMO 测度

| 取样足够度的 Kaiser-Meyer-Olkin 度量 | 巴特利特的球形检验 | | |
|---|---|---|---|
| | 近似卡方 | 自由度 | 显著性 |
| 0.714 | 1 985.959 | 21 | 0 |

此处 KMO 值为 0.714，大于 0.5，表示适合进行因子分析。

巴特利特（Bartlett）球形检验结果显示，近似卡方值为 1 985.959，自由度为 21，检验的显著性概率为 0 达到显著，也认为适合作因子分析。

表 5-17 为各题项的公因子方差表（即共同性），公因子方差越高，表示该变量与其他变量可测量的共同特质越多。

表 5-17 公因子方差表

| 题 项 | 初始 | 提取 |
|---|---|---|
| （1）住房应该与自己的身份相符合 | 1.000 | 0.913 |
| （3）住在高档住房里的都是有钱的人，住在低档住房里的都是没钱的人 | 1.000 | 0.909 |
| （4）住高档房子很体面，很有成就感，住地方房子会感到没面子 | 1.000 | 0.822 |
| （6）住在高档住房里可以提升自己的身份，住在低档住房里会降低自己的身份 | 1.000 | 0.800 |
| （7）高档、低档房子混在一起感到很难受 | 1.000 | 0.813 |
| （8）当感觉与所在小区住户的身份差异较大时，会搬离此地，重新购买住房 | 1.000 | 0.803 |
| （9）同一个住宅小区里的住户，应该有相似的收入、职业和受教育程度 | 1.000 | 0.795 |

提取方法：主成分分析法（Principal Component Analysis）

以特征值等于 1 为萃取因子的标准，共萃取了 3 个特征值大于 1 的共同因子。这 3 个共同因子的特征值依次为 2.396、1.822、1.637，累积解释变异量（即累积方差百分比）为 83.629%。表 5-18 显示出分析结果。

表 5-18  解释的总方差

| 成分 | 初始特征值 | | | 提取平方和载入 | | | 转轴平方和载入 | | |
|---|---|---|---|---|---|---|---|---|---|
| | 总和 | 方差的百分比/% | 累积百分比/% | 总和 | 方差的百分比/% | 累积百分比/% | 总和 | 方差的百分比/% | 累积百分比/% |
| 1 | 3.310 | 47.282 | 47.282 | 3.310 | 47.282 | 47.282 | 2.396 | 34.225 | 34.225 |
| 2 | 1.467 | 20.950 | 68.233 | 1.467 | 20.950 | 68.233 | 1.822 | 26.023 | 60.249 |
| 3 | 1.078 | 15.396 | 83.629 | 1.078 | 15.396 | 83.629 | 1.637 | 23.380 | 83.629 |
| 4 | 0.393 | 5.620 | 89.249 | | | | | | |
| 5 | 0.309 | 4.415 | 93.664 | | | | | | |
| 6 | 0.274 | 3.916 | 97.580 | | | | | | |
| 7 | 0.169 | 2.420 | 100.00 | | | | | | |

提取方法：主成分分析法（Principal Component Analysis）

图 5-1 显示了按特征值大小排列的，因子序号为横坐标与特征值为纵坐标轴的碎石图（又称因子陡坡图）。可见前 3 个因子所连成的曲线较陡，从第 4 到第 7 个因子所连成的曲线较为平坦。从图中也可直观地看出能萃

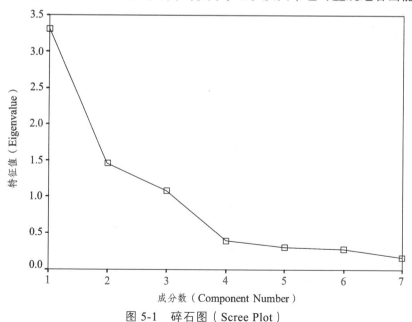

图 5-1  碎石图（Scree Plot）

取 3 个特征值大于 1 地共同因子。

表 5-19 是转轴后的成分矩阵，显示了各题项的因子负荷量的大小。转轴方法为方差最大旋转法（Varimax），是一种正交旋转方法，它使每个因子上具有最高荷载的变量数最少化，使得对因子的解释变得容易。

表 5-19　转轴后的成分矩阵

| 题项 | 成分 | | |
|---|---|---|---|
| | 1 | 2 | 3 |
| （8）当感觉与所在小区住户的身份差异较大时，会搬离此地，重新购买住房 | 0.876 | | |
| （9）同一个住宅小区里面的住户，应该有相似的收入、职业和受教育程度 | 0.876 | | |
| （7）高档、低档房子混在一起感到很难受 | 0.872 | | |
| （1）住房应该与自己的身份相符合 | | 0.940 | |
| （3）住在高档住房里的都是有钱的人，住在低档住房里的都是没钱的人 | | 0.925 | |
| （4）住高档房子很体面，很有成就感，住低档房子会感到没面子 | | | 0.882 |
| （6）住在高档住房里可以提升自己的身份，住在低档住房里会降低自己的身份 | | | 0.856 |

提取方法：主成分分析法（Principal Component Analysis）；旋转方法：正交旋转（Varimax with Kaiser Normalization）；转轴收敛于 3 个迭代（Rotation converged in 3 iterations）

转轴后的成分矩阵，是依据各主成分中题项的因子负荷量的大小排序，所以很容易考查各共同因子所包含的层面题项。通过主成分分析，经过正交旋转，我们得到住房与身份认同的 3 个因子。即从原 9 个变量中筛选所剩的 7 个变量萃取出 3 个主成分，3 个主成分累积解释总变异量的 83.629%。

因子一：身份符合感，包括题项 1 和题项 3，表明在住房与身份认同中各阶层的人都比较认同并接受住房与身份相符合，与收入、所属阶层相匹配的空间现状。

因子二：身份紧张感，包括题项 4 和题项 6，表明在住房与身份认同中住房对人有身份压迫感，住在较低层次的住房里会紧张、压迫，住在较高层次的住房里会自豪、满足。较低的阶层会力求改善住房条件、档次，以效仿和追求较高阶层的住房消费，而较高阶层为了保持身份优势会强调品位和个性，不断追求更好的住房。

因子三：身份区隔感，包括题项 7、题项 8 和题项 9，表明在住房与身份认同中等级化的空间状态和社会分层相对应，相同等级的人有相似的空间认同感，不同的等级的人有认同差异感。

## 第三节　社会空间变迁的访谈研究

做访谈研究是为了更为准确地把握和判断研究对象的真实感受和行为选择，并检验过去的历史经验。因此，笔者将访谈内容按中国住宅市场的发展阶段划分为四个时段，对每个时段的住房情况进行访谈和了解，对四个时段的特征予以描述和比较，显示出其动态的变迁过程。

### 一、1988—1998 年

空间分异情况：该时段，居民的住房几乎都是单位的福利房，住房条件几乎完全一致，以单位为主体的空间分异主要依赖于用地性质，社区的特征主要由人员职务、工龄来决定。

例如：A 女是这样描述的。

问：你当时的邻居都是什么人？

答：都是我们单位的人。

问：你们的住房有什么差别？

答：只有面积上的差别，其他的都一样。

问：为什么这样？

答：当时的住房是单位统一分配的。当时好像还是行政划拨的土地，然后由单位自己修，再按照大家的职务、工龄来打分和分配。职务高、工龄长的自然分到大房子，我们才参加工作的就只有住单间。

问：跟周围的人相比，你的住房水平处于一个什么样的水平？

答：一般水平，当时大家的情况都差不多。

又如：B女这样回答。

问：你当时的邻居是否都是父母的同事？

答：是啊，当时的邻居都是我爸爸的同事，我们差不多大的小孩都是一个学校的同学。

问：你们当时的住房和别人有什么不同？

答：都一样，没什么差别。

问：当时为什么会住在东城根街呢？

答：单位分配的。我父亲的单位就在附近，走路几分钟就到。

问：跟周围的人相比，你的住房水平处于一个什么样的水平？

答：还好吧，我父亲单位效益比较好，住房面积比别的单位的要大一点。我父亲当时是个干部，工龄也比较长，分配住房时得分高，选了一套好房子，三室一厅，在二楼。

## 二、1999—2004 年

空间分异情况：该时期，住房市场处于转型期，住房已经开始商品化和市场化，但单位福利分房的情况也还没有完全消失，导致居住空间分异的因素比较复杂，历史遗存、单位制影响下的空间分异现象依然存在，而在市场机制下以住房市场化为影响因素而形成的新的城市社会空间分异现象开始产生，共同决定着城市社会空间分异的基本状况。

例如：A女是这样描述的。

问：你当时的邻居都是什么人？

答：大部分还是我们单位的人，不过也有一些其他的人。单位上有条件的人都买了商品房，把单位房子卖了或租给外面的人。

问：跟周围的人相比，你们的住房有什么差别？

答：没有太大差别，不过，买了房子的人的住房条件肯定比我们好，环境、户型、面积都比较理想，单位的房子就没法比了。

问：你觉得当时人们的住房差异大吗？

答：住房有差异，但不是很明显。

又如：B女这样回答。

问：你当时的邻居都是什么人？

答：不认识，不知道。不过应该都是收入比较高的人，没钱的人肯定买不起。

问：跟周围的人相比，你的住房水平处于一个什么样的水平？

答：很好，天府花园在当时应该算成都比较高档的房子了，当时我觉得价格好贵啊，不过房子确实不错，就买了。

问：你觉得当时人们的住房差异大吗？

答：不是很大，没有现在这么大。

## 三、2005—2011 年

空间分异情况：该时期，单位福利分房已完全被市场化的商品房取代，进入了以居民个人消费为主体的购房阶段。居住空间分异现象逐渐明显，导致人口、空间及其活动发生了分化和区隔。

例如：A女是这样描述的。

问：你 2005—2011 年期间有没有再买房？

答：买了，在浣花溪的春天花园。

问：你在春天花园的邻居都是什么人？

答：政府官员、国企高管，还有一部分做生意的。

问：当时你的住房水平处于一个什么样的水平？

答：高档吧，应该还不错了。

问：你为什么要买这套房？

答：环境好啊，小区也高档，符合我对住房的要求，也比较有面子。

又如：I 男这样回答。

问：你 2005—2011 年住在哪里？

答：麓山国际。

问：你的邻居都是什么人？

答：都是大老板，也有一些收入较高、追求生活品位的企业高管，还有一些"海归"。

问：跟周围的人相比，你的住房水平处于一个什么样的水平？

答：应该是成都最高档的房子了。

问：你买房会不会考虑区域问题？

答：会，我就只买南门的房子。

问：为什么？

答：麓山国际是当时成都最贵也是最好的别墅，而且公司也在附近，方便。

再如：C 女这样回答。

问：你 2005—2011 年住在哪里？

答：租房子住，开始在华润路，后来因为拆迁搬到东光小区。

问：当时的邻居都是什么人？

答：都是来城里面打工的，还有一些安装公司的下岗人员。

问：跟周围的人相比，你的住房水平处于一个什么样的水平？

答：中等偏下。

问：如果你买房子会选择什么区域？

答：我就想在东光小区买房子。

问：为什么？

答：价格便宜嘛，没有公摊，买东西也方便。

该时期，在个体意识和群体意识中，会在条件允许的情况下，尽量选择与自己收入、职业等相近的人共居，空间区隔感逐渐明显。

例如：B 女是这样描述的。

问：你为什么 2010 年搬到翡翠城居住？

答：我觉得翡翠城环境好，配套好，户型也不错，符合我的要求。

问：当时买翡翠城的都是收入较高的人吗？

答：嗯，当时翡翠城的价格确实偏高，户型也大，没有二居室、一居室这样的小户型，肯定是收入高的人才会买的。

又如：E男是这样回答的。

问：你到成都工作以后买了房吗？

答：买了，在双流城区。

问：你为什么在双流买房，不在城区或者高新南区？

答：我在高新南区工作，但是双流的房价比高新南区便宜很多。从双流过去也不远，半个小时左右。

## 四、2012—2019 年

该时期空间分异出现了新的情况：一方面，由于成都限购，大部分高收入家庭已经没有购房资格。"刚需"的普通家庭大部分选择购买高新南区和天府新区的普通住房，有资格买房的"90后"中高收入家庭也倾向于购买高新南区和天府新区的住房，不过是高档的"顺销盘"。另一方面，喜欢老成都安逸舒适、慢节奏文化氛围的人则选择在老城区购买住房，哪怕是二手房。这种对"文化氛围"和"生活方式"的选择，在某种程度上，模糊了完全以价格来划分城市布局和空间隔离的鸿沟，缓解了空间作为阶层再生产的作用力，尤其是高收入阶层，把"品位"和"文化"作为住房消费的新的分类指标。

例如：B女是这样描述的。

问：你现在的邻居都是什么人？

答：不是很清楚，不过大部分应该都是高收入的人。

问：你如果再买房会不会考虑区域问题？

答：当然会，我想买高新南和天府新区的房子，其他地方的我不会买。

问：为什么？

答：这个地方是成都最发达、最富裕、最时尚，也是房价最贵、升值最快的地方。

问：你会买什么样的房子？

答：确切来讲，不一定会买价格很高的房子，而是我感觉最好的、最符合我的品位和感觉的。

问：为什么呢？

答：我现在买房主要考虑的是环境、品质、设计风格等方面自己是否满意，会不会让我感觉很舒服，这跟房子的价格不完全一致。

又如：I 男是这样回答的。

问：2012 年以后，你是否又买房了？

答：没有，我没有购房资格了。

问：你如果有资格，会买什么样的住房？

答：我想搬回城里，我觉得老城区才有成都原有的独特的味道。原来买麓山国际时，这边不热闹，商业氛围没那么浓，现在感觉很浮躁，和上海深圳没有太大区别。

## 第四节　小　结

通过对居住空间分异和自我认同的研究，可以看出，空间的竞争已不仅仅是纯粹日常生活领域的竞争，还是一个深刻、动态的社会过程。一方面，不同收入的人占据着不同的居住空间，这种显著的居住空间分异现象产生了较为严重的文化区隔和差异性的自我认同感，进一步地强化了社会的分化与区隔。另一方面，住房的"品位"成为自我认同和群体分类的风向标，它在一定范围内，打破了完全以收入为基础的分异方式，形成以文化品位、审美意趣、生活方式的相似性和差异性为基础的居住分异。

消费方式是同一社会群体共同认同的结果，也是个体自我认同的重要方式，受到历史和文化结构的支配。在改革开放前，以"国家配给制"为特征的住房期间，城镇居民个人无权自由选择或购买住房，房屋属于国家所有，由国家统一分配，按照个人级别或参加工作时间的长短进行分配。

城市居民的收入差别不大，社会地位相当，城市居民享受普遍的社会福利待遇，形成以单位为基本单元组合而成的居住空间状况，社会空间分异主要依赖于用地性质而不是收入，社区的特征也主要由单位性质及单位从业人员构成来决定，单位布局的空间分布大体上反映了不同职业人群居住的地域分异。单位内部和职业内部，被一个集体的同质性标准所统摄。强烈的集体意识和同质性将人们整合在一起，对集体身份的认同是社会成员的共同意识。社会角色倾向于被选择，因此用消费手段来弥补自我认知感的提升空间不大，住房还不是自我认同的表述。

1998 年以来，随着我国住房制度改革的推进和房地产市场的发展，福利性住房实物配给制度被房屋货币化和商品化体系所替代，标志着以单位为主体的集团建房和购房时代的结束，进入以居民个人为主体的住房消费阶段。2012 年以后，在城市居民的住房消费中，人们对住房符号系统为其所提供的意义予以积极的认同，"品位和个性"成为人们自我认同和群体分类的风向标。大多数城市住户根据自己的支付能力、个人偏好，自由选购适合自身需要的商品房。人们不再是根据单位居住在一起，而是根据经济状况和审美需求居住在一起，家庭所在的空间社区取代了原来的工作单位。

# 第六章 政策建议

    中国转型期城市居住空间问题研究是一个十分复杂的研究课题。本书试图从消费文化的视角，以文化研究、消费地理学的相关理论为工具，来探讨城市居住空间的变迁与重构，并结合成都市的实证分析，从居住物质空间、居住认知空间、居住社会空间三个方面来观察、分析其变迁的过程、特征和产生机制。经过前文的系统研究，形成以下几点结论。

    第一，在中国这30多年的转型期间，城市居民的居住空间经历了四次重大的变迁。第一次变迁是从1988年至1998年，以旧城改造和市政配套设施建设为动力，以住房制度改革为契机，掀起了集资建房的热潮，居民住房得到了一定改善。第二次变迁是从1999年至2004年期间，随着住房制度改革的不断深入，住房逐步向商品化过渡，市民居住条件迅速提高。第三次变迁是从2005年至2011年，城市居民住房已完全商品化，带来了居住空间又一次的巨大变革，成都的市容市貌和基础建设、房地产开发随之得到飞速的发展。第四次变迁是从2012年至今，成都住房价格不断提高，国家和各级政府相继出台政策控制房价。

    这是一个客观存在的事实。首先，从住宅区域来看，改革开放以来，市场经济的发展促进了城市职能由以政治为中心向以经济为中心转移，原有的以政治—权力结构为中心的城市布局、城市规划向以经济结构为中心的城市布局发展，导致了居住社区地缘的去中心化和重新中心化，形成了当下的住宅空间分布。其次，从住宅形态来看，原来单位制下统一的、单一的住房形态被打破，随着市场消费目标群的分化出现了多元、分化、复杂的格局，居住空间的分化日益明显。最后，从住宅建筑风格的变化来看，从强调功能型向强调审美型转变，体现了人们对日常生活审美化的普遍追求。

第二，中国城市居民居住空间的变迁，是一个全面的系统。对城市居民而言，这个变迁不仅仅是居住物质空间的变迁，不仅仅是住房面积大了、环境美了，它还是深层次的心理变迁，改变了人们对社会、生活、文化等社会事实的认知和感受，重建了人们的价值观念和审美意识。价值观方面，居住目标由满足基本生存转变为崇尚个性化消费。住房价值由公共财产转变为私人财富。审美观方面，居住审美意识由理性的伦理本位向感性的生活本位转化；居住需求的审美泛化、居住审美意识的世俗化、居住审美方式的多元化、居住消费的时尚化等趋势越来越明显。如果说以前的住房消费受生存需求的支配，那么现在的住房消费则受消费文化观念的支配，它赋予了人们强烈的消费意识，培养出一种全新的价值观和审美欲求，促使人们居住空间发生了真正意义上的革命。

第三，中国城市居民居住空间的变迁，是一个深刻、动态的社会过程，对当前的中国社会结构产生了极大的影响，主要体现在居住空间分异与自我认同两个方面。居住空间分异方面，原来以单位为基本单元组合而成的居住空间结构状态变成了以个人支付能力、审美偏好为基础的空间格局。自我认同方面则有两种趋势，一种趋势是以收入为过滤器的空间分异，导致相似收入群体聚居，并形成相互认同的社区与文化；另一种趋势是，由于消费文化的影响，人们对住房符号系统为自我认同所提供的意义予以积极的认同，"品位"和"文化"成为自我认同和群体分类的风向标，它在一定范围内，打破了完全以收入为基础的分异方式，形成以文化品位、审美意趣、生活方式的相似性和差异性为基础的空间分异。

空间和社会是辩证统一的，空间绝非单纯的中介性的物质容器和背景框架，它是一个社会产物，始终与各种关系交织在一起，成为社会关系及其再生产的一个重要的组成部分。空间既是社会竞争的结果，又是社会秩序再生产的先决条件，它不仅客观地反映了社会关系和社会结构，而且是社会结构状态在地域空间上的表现，是社会关系重组与社会秩序实践性建构的过程，是社会生产关系的一种共存性与具体化。我国改革开放40多年来，经济飞速发展，人民生活水平极大提高，住房条件也得到极大的改善。客观说，我国住房市场化的发展有其积极的现实意义，肯定了个人对利益的追求，改变了计划经济时期的平均主义，给人们的住房需求提供了更多的自由和选择，解放了人们的个性，推动了社会的进步和发展，这在现代文化与现代文明的转型中有非常重要的作用。但与此同时，当前中国住房消费中也已凸现出不容忽视的问题：对今天的居住者而言，住房已不仅仅是一个栖身的场所，还是一种对生活方式的选择，它不仅仅是围绕着需求或效用而进行的，而且还是一种不断膨胀的对住房这种"物"的消费欲望与消费激情，表现出明显的消费主义倾向。

2016年以来，中央政府一直强调"房住不炒"的市场定位，但是住房价格仍然只涨不跌。很多经济学家都把住房问题简化为经济收入问题，并没有深入地看到物质条件只是提供了消费的可能性，但无法为之提供具有特定动机的消费者。经济的发展和物质财富的丰裕本身，并不能直接导致住宅市场的繁荣，前者与后者之间的因果联系，必须要经过"文化"这一中介因素方可实现。只有在物质得到改善的基础上，其价值观、审美观、认同观发生转变并将追求快乐和享受视为正当需要的时候，住宅作为商品才能拥有自己的广阔市场。社会的发展是一个全局性的、错综复杂的过程，其中的政治、经济、文化等各领域的发展不是孤立的，而是相互影响的。邓小平理论关于两个文明协调发展才是有中国特色的社会主义等一系列理论，也说明经济发展与文化发展之间是对立统一的关系。因此，当前中国的住房问题绝不仅仅是一个"经济问题"，它更应该是一个文化问题和社会问题，要研究中国居住空间的问题，首先就必须研究当前的文化境况及其对住房的影响。

鉴于我国住宅研究及住宅管理中存在的上述问题，本书提出两点建议：第一，希望学界在对中国城市空间文化的研究中，既要立足我国现实问题，又要理性面对消费文化全球化进程的客观事实，将消费作为一种文化关切引入研究中来，借鉴各种西方理论资源去进行新的审视和新的探索，多途径、多角度地关注社会文化议题，构建具有中国特色的空间文化研究的理论与方法。第二，希望政府对住房消费的调控工作不要仅仅停留在经济学领域，不能仅仅依靠压缩银行信贷、控制土地供给、增加交易税收、限制购买数量等经济或行政手段来调控，这些手段只能在短期内、一定范围内有效，而不能长期地、从根本上使中国房地产市场走向成熟，使老百姓的住房消费回归理性。对住房问题的处理与调控还应该从"文化"的角度考虑，分析人们消费行为背后的价值观、审美意识、自我认同等深层心理因素，制定有效的经济政策和文化政策，使中国房地产市场良性发展。

# 附　录

## 附录一　住房消费调查问卷

尊敬的女士/先生：

您好！我们正在进行一项成都住房消费的调查问卷，希望能了解您的想法。请您按要求填写问卷，以下问题仅供学术研究使用，决不做个别处理或披露，请您放心填写。谢谢！

**第一部分：个人基本情况调查问卷**

请在符合您情况的选项前打"√"。

一、您的性别：

（1）男　　　　　　　　（2）女

二、您的年龄：

（1）20岁及以下　　　（2）21～35岁　　　　　（3）36～45岁

（4）46～59岁　　　　（5）60岁及以上

三、您目前的月平均收入（包括工资、奖金、补贴及其他形式的劳动所得、他人赠予等所有收入）：

（1）1 000～3 000元　　（2）3 001～5 000元

（3）5 001～10 000元　（4）10 001～3 0000元　　（5）30 000元以上

四、教育水平：

（1）高中及以下 （2）大学专科或本科 （3）硕士及以上

五、您的住房来源：

（1）单位分配 （2）出租房 （3）经济适用房

（4）与父母同住 （5）购买的商品房

六、您的住房位置：

（1）城中心 （2）城东

（3）城南（包括高新南和天府新区） （4）城西

（5）城北 （5）郊区

七、您的住房性质：

（1）自建房 （2）普通多层住宅 （3）电梯公寓

（4）花园洋房 （5）别墅

**第二部分：住房消费价值观调查问卷**

下列每题有五个选项，请您根据自己的想法和实际情况，在适当的选项前打"√"。

1. 您购买住房就是为了满足居住需要。

（1）完全不同意 （2）比较不同意 （3）感觉一般

（4）比较同意 （5）完全同意

2. 您购买住房的主要目的除了居住，还有资产能保值增值。

（1）完全不同意 （2）比较不同意 （3）感觉一般

（4）比较同意 （5）完全同意

3. 您购买住房的主要目的是提高生活质量、享受生活，让自己住得更舒适满意。

（1）完全不同意 （2）比较不同意 （3）感觉一般

（4）比较同意 （5）完全同意

4. 现有住房基本满足居住需求，没有必要再更换了。

（1）完全不同意 （2）比较不同意 （3）感觉一般

（4）比较同意 （5）完全同意

5. 人生应该享受快乐和舒适，一套理想的住房是生活质量的基础。

（1）完全不同意 （2）比较不同意 （3）感觉一般

（4）比较同意 （5）完全同意

6. 如果有钱就应该买更好、更大的住房，尽自己所能提高生活质量。

（1）完全不同意 （2）比较不同意 （3）感觉一般

（4）比较同意 （5）完全同意

7. 住房是生活必需品，如果有单位福利房，就没有必要再买。

（1）完全不同意 （2）比较不同意 （3）感觉一般

（4）比较同意 （5）完全同意

8. 住房是很好的投资产品，有钱就应该多买几套房子投资。

（1）完全不同意 （2）比较不同意 （3）感觉一般

（4）比较同意 （5）完全同意

9. 您对采用分期付款方式购房，所持态度是：

（1）完全不同意 （2）比较不同意 （3）感觉一般

（4）比较同意 （5）完全同意

**第三部分：住房消费审美观调查问卷**

下列每题有五个选项，请您根据自己的想法和实际情况，在适当的选项前打"√"。

1. 住房面积适中、交通便利、户型实用就可以了，环境是否优美、设计是否时尚并不重要。

（1）完全不同意 （2）比较不同意 （3）感觉一般

（4）比较同意 （5）完全同意

2. 如果您现在购买住房，考虑的主要因素是时尚、美观，符合您的审美品位，让你很享受、很舒适。

（1）完全不同意 （2）比较不同意 （3）感觉一般

（4）比较同意 （5）完全同意

3. 住房的质量会影响心情，住在环境差的房子里心情压抑，住在环境优美的房子里会让人心情舒畅、精神愉悦。

（1）完全不同意　　　　（2）比较不同意　　　　（3）感觉一般

（4）比较同意　　　　（5）完全同意

4. 广告对您购房影响很大，广告做得较好的楼盘你会优先考虑。

（1）完全不同意　　　　（2）比较不同意　　　　（3）感觉一般

（4）比较同意　　　　（5）完全同意

5. 个人的住房体现了他的品位，品位越高，住房越美观时尚、越有个性。

（1）完全不同意　　　　（2）比较不同意　　　　（3）感觉一般

（4）比较同意　　　　（5）完全同意

6. 住房是什么风格（中式、欧式）并不重要，关键是要美观、舒适、有品位。

（1）完全不同意　　　　（2）比较不同意　　　　（3）感觉一般

（4）比较同意　　　　（5）完全同意


### 第四部分：住房与自我认同调查问卷

下列每题有五个选项，请您根据自己的想法和实际情况，在适当的选项前打"√"。

1. 住房应该与自己的收入相符合。

（1）完全不同意　　　　（2）比较不同意　　　　（3）感觉一般

（4）比较同意　　　　（5）完全同意

2. 有钱人住好房子，没钱人住差房子。

（1）完全不同意　　　　（2）比较不同意　　　　（3）感觉一般

（4）比较同意　　　　（5）完全同意

3. 住房应该与自己的生活习惯相符合。

（1）完全不同意　　　　（2）比较不同意　　　　（3）感觉一般

（4）比较同意　　　　（5）完全同意

4. 喜欢快节奏的人住在城南新区，喜欢慢节奏的人住在老城区。

（1）完全不同意　　　　（2）比较不同意　　　　（3）感觉一般

（4）比较同意　　　　（5）完全同意

5. 如果有钱会购买最高档的住房。

（1）完全不同意　　　（2）比较不同意　　　（3）感觉一般

（4）比较同意　　　（5）完全同意

6. 城南新区的住房很时尚很国际范，老城区的住房很有老成都的文化氛围。

（1）完全不同意　　　（2）比较不同意　　　（3）感觉一般

（4）比较同意　　　（5）完全同意

7. 高层电梯公寓和别墅混住在一起感到很难受。

（1）完全不同意　　　（2）比较不同意　　　（3）感觉一般

（4）比较同意　　　（5）完全同意

8. 当您的朋友、同事居住在某一片区时，你也会在此地购买住房。

（1）完全不同意　　　（2）比较不同意　　　（3）感觉一般

（4）比较同意　　　（5）完全同意

9. 同一个住宅小区里的住户，应该有相似的收入、职业和受教育程度。

（1）完全不同意　　　（2）比较不同意　　　（3）感觉一般

（4）比较同意　　　（5）完全同意

# 附录二　住房消费访谈提纲

## 一、访谈人的基本情况

访谈人的基本情况，包括年龄、性别、职业、职务、从业经历、教育背景、家庭收入等。

## 二、访谈内容

### （一）价值认知

1. 1988—1998 年期间的住房情况如何？主要是以什么样的方式获得的？花了多少钱？当时的住房目的是什么？当时对住房是否满意？房改期间对购买住房产权持何态度？为什么？

2. 1999—2004 年期间的住房情况如何？主要是以什么样的方式获得的？花了多少钱？当时的住房目的发生了什么变化？当时对住房是否满意？

3. 2005—2011 年期间的住房情况如何？主要是以什么样的方式获得的？花了多少钱？现在您的住房目的有何变化？对住房是否满意？

4. 2012—2019 年期间的住房情况如何？主要是以什么样的方式获得的？花了多少钱？现在您的住房目的有何变化？对住房是否满意？

5. 这 31 年间，您的住房价值观念发生了什么变化？主要体现在哪些方面？为什么？

（二）审美认知

1. 1988—1998 年期间您对住房的环境、风格有什么要求？您购房时考虑的主要因素是什么？当时的住房理想是什么？当时的住房环境对您的心情的影响是否很大？您当时喜欢什么风格的住房？为什么？

2. 1999—2004 年期间您对住房的环境、风格有什么要求？您购房时考虑的主要因素是什么？当时的住房理想发生了什么变化？当时的住房环境对您的心情的影响是否很大？您当时喜欢什么风格的住房？为什么？当时的广告是否会影响你对住房的审美观念？

3. 2005—2011 年期间您对住房的环境、风格有什么要求？您购房时考虑的主要因素是什么？你的住房理想发生了什么变化？住房环境对您的心情的影响是否很大？您喜欢什么风格的住房？为什么？广告是否会影响你对住房的审美观念？

4. 2012—2019 年期间您对住房的环境、风格有什么要求？您购房时考虑的主要因素是什么？现在的住房理想发生了什么变化？现在住房环境对您的心情的影响是否很大？您现在喜欢什么风格的住房？为什么？广告是否会影响你对住房的审美观念？

5. 这 31 年间，您的住房审美观念发生了什么变化？您的住房理想发生了什么变化？主要体现在哪些方面？为什么？

# 参考文献

## 一、英文文献

### 1. 著 作

[ 1 ]　BAUDRILLARD JEAN. Simulations. New York: Simiotext Press, 1983.

[ 2 ]　BAUDRILLARD JEAN. The Transparency of Evil. London: Verso, 1993.

[ 3 ]　BOURDIEU PIERRE. Distinction: A Social Critique of the Judfement of Taste. London: Routledge, 1984.

[ 4 ]　BOURDIEU PIERRE. The Logic of Practice. Stanford: Stanford University Press, 1990.

[ 5 ]　DAVIS DEBORARH. The Consumer Revolution in Urban China. University of California, 2000.

[ 6 ]　DAVID HARVEY. The Condition of Postmonderni. Blackwell, 1990.

[ 7 ]　FRIAT A F. "Consumer Culture or Culture Consumed?" //Costa J A, Bamossy　G J. Multicultural World. London: Sage, 1995.

[ 8 ]　HAMNETT C. "Social Polarization, Economic Restructuring and Welfare State Reginmes"// Musterd S, Ostendorf W. Urban Segregation and the Welfare Stare. London: Routledge, 1998: 15-27.

[ 9 ]    HENRI LEFEBVRE. The Production of Space. Oxford: Basil Blackwell, 1991.

[10]    JACKSON P, HOLBROOK B. "Multiple Meanings: Shopping and the Cultural Politics of Identity" // Environment and planning A, 1995.

[11]    JAMESON F. The Culture Turn. New York: Verso, 1998.

[12]    JENKS C. Culture. London: Routledge, 1993 .

[13]    JOHNSTON R J, GREGORY D, et al. The Dictionary of Human Geography. Oxford: Blackwell Press, 2000.

[14]    JUKKA GRONOW. Ordinary Consumption. London: Routledge, 2001 .

[15]    KATE DARIAN SMITH, LIZ GUNNER AND SARAH NATTALL. Text, Theory, Space. London and New York: Routledge, 1996.

[16]    KEN GELDER, SARAH THORNTON. The Subcultures Reader. London and New York: Routledge, 1997.

[17]    KORT WESLEY A. Place and Space in Morden Fiction. University of Florida, 2004.

[18]    MASSEY D. Spatial Divisions of Labour: Social Strutures and the Geography of Production. Basingstoke: Macmillan, 1985.

[19]    MCCRACKEN G. Culture and Consumption: New Approaches to the Symbolic Character of Consumer Goods and Activities. Bloomington and Indianapolis: Indiana University Press, 1988.

[20]    REX J, R MOORE. Race, Community and Conflict: A Study of Sparkbrook. London: Oxford University Press, 1967.

[21]    ROGER FRIEDLAND, DEIRDRE BODEN. Now Here: Space Time and Modernity. Berkeley and Los Angeles, CA: University of California Press, 1994.

[22]    SOJA EDWARD W. Third Space. Oxford: Blackwell, 1996.

[23]    STUART HALL, TONY JEFFERSON. Resistance through Rituals: Youth Subcultures in Post-War. London: Hutchinson, 1976.

[24] TOMLINSON A, Consumption, Identity and Style: Marketing, Meanings and the Packaging of Pleasure. London: Routledge, 1990.

[25] WALMSLEY D J, LEIWIS G J. Human Geography: Behavioural Approaches. London: Longman, 1984.

[26] WILSON WILLIAM JULIUS. When Work Disappears: The World of the New Urban Poor. New York: Knopf, 1996.

[27] ZUKIN SHARON. The Culture of Cites. Oxford: Basil Blackwell, 1955.

## 2. 期刊文献

[ 1 ] APPADURAI A. Disjuncture and Difference in the Global Culture Economy. Therory, Culture and Society, 1990, 7: 295-310.

[ 2 ] BADCOCK B. Restructuring and Spatial Polarization in Cities. Progress in Human Geography, 1997, 21(2): 251-262.

[ 3 ] CHRISTOPHER A J. Urban Segregation in Post-apartheid South Africa. Urban Studies, 2001, 38(3): 446-449.

[ 4 ] CLARK W A, CADWALLADER M. Residential Preferences: An Alternative View of Intra-urban Space. Environment and Planning A, 1995,5: 693-703.

[ 5 ] DIMAGGIO P, USEEM M. Social Class and Arts Consumption. Theory and Society, 1978, 4: 141-161.

[ 6 ] DORLING D, WOODWARD R. Social Polarisation 1971-1991: A Micro-geography Analysis of Britain. Progress in Planning, 1996, 45: 1-66.

[ 7 ] FINE B. Modernity, Urbanism and Modern Consumption. Society and Space, 1993,11: 600.

[ 8 ] GREGSON N, CREWE L, BROOKS K. Shopping, Space and Practice. Environment and Planning D, 2002: 606.

[ 9 ] HAMNETT C. Social Polarisation in Global Cities: Theory and Evidence. Urban Studies, 1994,31: 401-424.

[10] KESTELOOT C. Three Levels of Sociospatial Polarization in

Brussels. Built Environment, 1995, 20(3): 45-54.

[11]  LEVITAS R. Defining and Measuring Social Exclusion. Radical Statistics, 1999,71: 10-27.

[12]  MARCUSE P. What's So New about Divided Cities? International Journal of Urban and Region Research, 1993,17: 355-365.

[13]  MOHAN J. Geographies of Welfare and Social Exchusion. Progress in Human Geography, 2000, 24(2): 291-300.

[14]  MORRIS L D. Local Social Polarization: A Case Study of Hartlepool. International Journal of Urban and Regional Research,1987,11: 331-350.

[15]  MURPHY P, WATSON S. Social Polarization and Australian Cities. International Journal of Urban and Region Research, 1994,18: 573-590.

[16]  RACE EAINSTEIN N. Class and Segregation: Discourses about African Americans. International Journal of Urban and Region Research, 1993,17: 384-403.

[17]  RUNCIMAN W G. How Many Classes Are There in Contemporary British Society?. Sociology,1991, 24: 377-396.

[18]  SHIELDS R. Social Spatialization and the Built Environment:the West Edmonton Mall. Society and Space,1989, 7: 147-164.

[19]  TUAN Y F. Humanistic Geography. Annals of the Association of American geography, 1976, 66: 266-276.

[20]  WESSEL T. Social Polarisation and Socioeconomic Segregation in A Welfare State: The Case of Oslo. Urban Studies, 2000,37(11): 1947-1967.

[21]  WOODWARD R. Approachs towards the Study of Social Polarization in the UK. Progress in Human Geography, 1995, 19(1): 75-89.

[22]  WU F L. Sociospatial Differentiation in Urban China: Evidence from Shanghai's Real Estate Markets. Environment and Planning, 2002,34: 1591-1615.

### 3. 学位论文

[23] ALLEN ANNE, ELIZABETH GUERNSEY. Space as Social Construct: The Vernacular Architecture of Rural. Columbia University, 1993:4286.

[24] FLEISCHER FRIEDERIKE. Housing China's Emerging Classes: Competing Interests in a Beijing Suburb. City University of New York, 2005:1056.

[25] JEONG JONG-HO. Renegotiating with the State: The Challenge of Floating Population and the Emergence of New Urban Space in Contemporary China. Yale University, 2000: 1923.

[26] WANG DI. Street Culture: Public Space, Urban Commoners and Local Politics in Chengdu, 1875-1928(China). The Johns Hopkins University, 1999: 1851.

## 二、中文文献

### 1. 著 作

[ 1 ] 让·欧·阿韦尔. 居住与住房. 齐书琴, 译. 北京：商务印书馆, 1996.

[ 2 ] 本雅明. 机械复制时代的艺术作品. 王才勇, 译. 杭州：浙江摄影出版社, 1993.

[ 3 ] 让·波德里亚. 消费社会. 刘成富, 金志钢, 译. 南京：南京大学出版社, 2001.

[ 4 ] 让·波德里亚. 完美的罪行. 王为民, 译. 北京：商务印书馆, 2000.

[ 5 ] 鲍德里亚. 生产之镜. 仰海峰, 译. 北京：中央, 译编出版社, 2005.

[ 6 ] 尚·布希亚. 物体系. 林志明, 译. 上海：上海人民出版社, 2001.

[ 7 ] 罗兰·巴特. 神话：大众文化诠释. 许蔷蔷, 许绮玲, 译. 上海：上海人民出版社, 1999.

[ 8 ] 斯蒂芬·贝斯特, 道格拉斯·科尔纳. 后现代转向. 陈刚, 等, 译. 南京：南京大学出版社, 2002.

[ 9 ]  丹尼尔·贝尔. 后工业社会的来临. 王宏周，等，译. 北京：商务印书馆，1984.

[10]  丹尼尔·贝尔. 资本主义文化矛盾. 赵一凡，蒲隆，任晓晋，译. 北京：生活·读书·新知三联书店，1989.

[11]  布尔迪厄. 文化生产的场域. 中央编译出版社，2000.

[12]  齐格蒙特·鲍曼. 全球化. 郭国良，徐建华，译. 北京：商务印书馆，2004.

[13]  齐格蒙特·鲍曼. 流动的现代性. 欧阳景根，译. 上海：生活·读书·新知三联书店，2002.

[14]  齐格蒙特·鲍曼. 被围困的社会. 郇建立，译. 南京：江苏人民出版社，2005.

[15]  布尔迪厄访谈录：文化资本与社会炼金术. 包亚明，译. 上海：上海人民出版社，1997.

[16]  包亚明，王宏图，朱生坚，等. 上海酒吧——空间，消费与想象. 南京：江苏人民出版社，2001.

[17]  包亚明. 后现代性与地理学的政治. 上海：上海教育出版社，2001.

[18]  包亚明. 现代性与空间的生产. 上海：上海教育出版社，2003.

[19]  包亚明. 后大都市与文化研究. 上海：上海教育出版社，2005.

[20]  包亚明. 游荡者的权利. 北京：中国人民大学出版社，2004.

[21]  边燕杰. 市场转型与社会分层——美国社会学者分析中国. 北京：生活·读书·新知三联书店，2002.

[22]  柴彦威. 城市空间. 北京：科学出版社，2000.

[23]  常青. 大都会从这里开始——上海南京路外滩段研究. 上海：同济大学出版社，2005.

[24]  戴锦华. 隐形书写——90年代中国文化研究. 南京：江苏人民出版社，1999.

[25]  戴慧思. 中国都市消费革命. 北京：社会科学文献出版社，2006.

[26]  M J 迪尔. 后现代都市状况. 李小科，译. 上海：上海教育出版社，2004.

[27]  渡边雅男. 现代日本的阶层差别及其固化. 陆泽军，等，译. 北京：

中央编译出版社，1998.

[28]　凡勃伦. 有闲阶级论. 蔡受百，译. 商务印书馆，2005.

[29]　范伟达. 全球化与浦东社会变迁. 北京：社会科学文献出版社，2004.

[30]　迈克·费瑟斯通. 消费文化与后现代主义. 刘精明，译. 南京：译林出版社，2000.

[31]　约翰·费斯克. 理解大众文化. 王晓珏，宋伟杰，译. 中央编译出版社，2001.

[32]　乔纳森·弗里德曼. 文化认同与全球性过程. 郭建如，高丙中，译. 北京：商务印书馆，2003.

[33]　米歇尔·福柯. 疯癫与文明. 北京：生活·读书·新知三联书店，1999.

[34]　米歇尔·福柯. 规训与惩罚. 刘北成，杨远婴，译. 北京：生活·读书·新知三联书店，2003.

[35]　马克思，恩格斯. 马克思恩格斯选集. 北京：人民出版社，1972.

[36]　克利福德·格尔茨. 文化的解释. 韩莉，译. 南京：译林出版社，1999.

[37]　尤卡·格罗瑙. 后现代转向. 向建华，译. 南京：南京大学出版社，2002.

[38]　于尔根·哈贝尔斯. 合法化危机. 刘北成，曹卫东，译. 上海：上海人民出版社，2000.

[39]　哈贝马斯. 在事实与规范之间. 童世骏，译. 北京：生活·读书·新知三联书店，2003.

[40]　塞缪尔·亨廷顿，劳伦斯·哈里森. 文化的重要性. 程克雄，译. 北京：新华出版社，2002.

[41]　戴维·哈维. 地理学的解释. 高泳源，译. 北京：商务印书馆，1996.

[42]　戴维·哈维. 后现代状况. 阎嘉，译. 北京：商务印书馆，2003.

[43]　卡斯滕·哈里斯. 建筑的伦理功能. 申嘉，等，译. 北京：华夏出版社，2001.

[44]　黄应贵. 空间，权力与社会. 台北：台北研究院民族学研究所，1995.

[45]　胡华颖. 城市·空间·社会：广州城市内部空间分析. 广州：中山大学出版社，1993.

[46]　安乐尼·吉登斯. 现代性与自我认同. 赵旭东，方文，译. 北京：

生活·读书·新知三联书店，1998.

[47]  安东尼·吉登斯. 现代性的后果. 田禾，译. 南京：译林出版社，2000.

[48]  弗里德里克·杰姆逊，三好将夫. 全球化的文化. 马丁，译. 南京：
      南京大学出版社，2002.

[49]  丹尼·卡瓦拉罗. 文化理论关键词. 张卫东，张生，赵顺宏，译. 南
      京：江苏人民出版社，2006.

[50]  罗宾·科恩，保罗·肯尼迪. 全球社会学. 文军，等，译. 社会科
      学文献出版社，2001.

[51]  戴安娜·克兰. 文化生产：媒体与都市艺术. 赵国新，译. 上海：
      译林出版社，2001.

[52]  勒·柯布西耶. 走向新建筑. 陈志华，译. 西安：陕西师范大学出
      版社，2004.

[53]  迈克·克朗. 文化地理学. 杨淑华，宋慧敏，译. 南京：南京大学
      出版社，2005.

[54]  曼纽尔·卡斯泰尔. 网络社会的崛起. 夏铸九，译. 北京：社会科
      学文献出版社，2001.

[55]  道格拉斯·凯尔纳. 后现代理论，批判性的质疑. 张志斌，译. 北
      京：中央编译出版社，2001.

[56]  詹姆斯 S 科尔曼. 社会理论的基础. 邓方，译. 北京：社会科学出
      版社，1999.

[57]  凯文·林奇. 城市形态. 林庆怡，陈朝晖，邓华，译. 北京：华夏
      出版社，2002.

[58]  凯文·林奇. 城市意象. 方益萍，何晓军，译. 北京：华夏出版社，2003.

[59]  西莉亚·卢瑞. 后现代转向. 张萍，译. 南京：南京大学出版社，2003.

[60]  阿摩斯·拉普卜特. 文化特性与建筑设计. 常青，张昕，张鹏，译.
      北京：中国建筑工业出版社，2004.

[61]  让·弗朗索瓦·利奥塔. 非人. 罗国祥，译. 北京：商务印书馆，2001.

[62]  卢卫. 解读人居——中国城市住宅发展的理论思考. 天津：天津社
      会科学院出版社，2000.

[63] 卢泰宏，等. 中国消费者行为报告. 北京：中国社会科学出版社，2005.

[64] 陆扬，王毅. 文化研究导论. 上海：复旦大学出版社，2006.

[65] 罗钢，刘象愚. 文化研究读本. 北京：中国社会科学出版社，2000.

[66] 罗钢，王中忱. 消费文化读本. 北京：中国社会科学出版社，2003.

[67] 罗钢，顾铮. 视觉文化读本. 桂林：广西师范大学出版社，2003.

[68] 李路路，李汉林. 中国的单位组织——资源，权力与交换. 杭州：浙江人民出版社，2000.

[69] 格尔哈斯·伦斯基. 权力与特权：社会分层的理论. 关信平，译. 杭州：浙江人民出版社，1988.

[70] 李欧梵. 上海摩登——一种新都市文化在中国1930—1945. 毛尖，译. 北京大学出版社，2001.

[71] 乔治·里兹尔. 社会的麦当劳化——对变化中的当代社会生活特征的研究. 顾建光，译. 上海，译文出版社，1999.

[72] 马歇尔·麦克卢汉. 理解媒体：论人的延伸. 何道宽，译. 北京：商务印书馆，2003.

[73] 吉姆·麦克盖根. 文化民粹主义. 桂万先，译. 南京：南京大学出版社，2002.

[74] 伯曼·马歇尔. 一切坚固的都烟消云散了——现代性体验. 徐大建，等，译. 北京：商务印书馆，2003.

[75] 马杰伟. 酒吧工厂——南中国城市文化研究. 南京：江苏人民出版社，2006.

[76] 威廉 J 米切尔. 比特之城——空间·场所·信息高速公路. 范海燕，译. 北京：生活·读书·新知生活·读书·新知三联书店，1999.

[77] 安吉拉·默克罗比. 后现代主义与大众文化. 田晓菲，译. 北京：中央编译出版社，2001.

[78] 戴维·莫利，凯文·罗宾斯. 认同的空间. 司艳，译. 南京：南京大学出版社，2003.

[79] 弗兰克·莫特. 消费文化——20世纪后期英国男性气质和社会空间. 余宁平，译. 南京大学出版社，2001.

[80] 戴维·钱尼. 文化转向——当代文化史概览. 戴从容，译. 南京：江苏人民出版社，2004.

[81] 任平. 时尚与冲突——城市文化结构与功能新论. 南京：东南大学出版社，2000.

[82] 莫什·萨夫迪. 后汽车时代的城市. 吴越，译. 北京：人民文学出版社，2001.

[83] 沙莲香，等. 中国社会文化心理. 北京：中国社会出版社，1998.

[84] 戴维 D 史密斯. 城市化，住宅及其发展过程》卢卫，等，译. 天津：天津社会科学出版，2000.

[85] 宋晓萍. 厨房：欲望，享乐和暴力. //文化研究：理论与实践. 郑州：河南大学出版社，2004.

[86] 爱德华·苏贾. 后现代地理学. 王文斌，译. 北京：商务印书馆，2004.

[87] 迈克尔 R 所罗门. 消费者行为. 张莹，傅强，等，译. 北京：经济科学出版社，1999.

[88] 约翰·汤姆林森. 全球化与文化. 郭英剑，译. 南京：南京大学出版社，2004.

[89] 孙逊. 都市文化研究（第一辑）. 上海：生活·读书·新知三联书店，2005.

[90] 堤清二. 消费社会批评. 朱绍文，等，译. 经济科学出版社，1998.

[91] 谭琳，陈卫民. 女性与家庭. 天津：天津人民出版社，2001.

[92] 罗伯特·文丘里. 建筑的复杂性与矛盾性. 周卜颐，译. 北京：中国建筑出版社，1991.

[93] 吴启焰. 大城市居住空间分异研究的理论与实践. 北京：科学出版社，2001.

[94] 王唯铭. 游戏的城市. 上海：上海文化出版社，1999.

[95] 王振复. 中国建筑的文化历程. 上海：上海人民出版社，2000.

[96] 王小慧. 建筑文化、艺术及其传播. 天津：百花文艺出版社，2000.

[97] 王宁. 消费社会学——一个分析的视角. 北京：社会科学文献出版社，2001.

[98]　王文英,叶中强. 城市语境与大众文化. 上海:上海人民出版社,2004.

[99]　汪民安. 家乐福:语法,物品及娱乐的经济学. //文化研究:理论与实践. 郑州:河南大学出版社, 2004.

[100]　汪民安, 等. 后现代性的哲学话语. 杭州:浙江人民出版社,2000.

[101]　马克斯·韦伯. 新教伦理与资本主义精神. 于晓, 陈维纲, 译. 生活·读书·新知三联书店, 1987.

[102]　阿列克斯·英格尔斯, 等. 从传统人到现代人——六个发展中国家中的个人变化. 顾昕, 译. 北京:中国人民大学出版社, 1992.

[103]　齐奥尔格·西美尔. 时尚的哲学. 费勇, 等, 译. 北京:文化艺术出版社, 2001.

[104]　谢少波,王逢振. 文化研究访谈录. 北京:中国社会科学出版社,2003.

[105]　许纪霖. 帝国, 都市与现代性. 南京:江苏人民出版社, 2006.

[106]　约翰斯顿 R J. 地理学与地理学家. 唐晓峰, 译. 北京:商务印书馆, 1999.

[107]　约翰斯顿 R J. 哲学与人文地理学. 柴运龙, 等, 译. 北京:商务印书馆, 2000.

[108]　约翰斯顿 R J. 人文地理学词典. 柴威, 等, 译. 北京:商务印书馆, 2005.

[109]　简·雅各布. 美国大城市的生与死. 金衡山, 译. 南京:译林出版社, 2005.

[110]　于海. 城市社会学文选. 上海:复旦大学出版社,2005.

[111]　杨念群. 空间·记忆·社会转型. 上海:上海人民出版社,2001.

[112]　周宪. 中国当代审美文化研究. 北京:北京大学出版社,1997.

[113]　周小议. 唯美主义与消费文化. 北京:北京大学出版社,2002.

[114]　詹明信. 晚期资本主义的文化逻辑. 陈清侨, 译. 北京:生活·读书·新知三联书店, 2003.

[115]　弗雷德里克·詹姆逊. 文化转向. 胡敏, 译. 北京:中国社会科学出版社, 2000.

[116]　中国统计年鉴 2005. 北京:中国统计出版社, 2005.

[117]　张鸿雁. 城市形象与城市文化资本——中外城市形象战略比较研究. 南京：东南大学出版社，2000.

[118]　赵鑫珊. 建筑是首哲理诗. 天津：百花文艺出版社，1996.

[119]　赵鑫珊. 人脑，人欲，城市. 上海：上海人民出版社，2002.

[120]　黄秉维. 地理学综合研究——黄秉维文集. 北京：商务印书馆，2003.

## 2. 期刊文献

[ 1 ]　艾大宾，王力. 我国城市社会空间结构的特征及其演变趋势. 人文地理，2001（2）.

[ 2 ]　白光润. 地理学的哲学贫困. 地理学报，1995（3）.

[ 3 ]　陈涌. 城市贫困区位化趋势及其影响. 城市问题，2000（6）.

[ 4 ]　陈璐. 基于女性主义视角的城市住房与住区问题初探——以南京市为例. 人文地理，2005（6）.

[ 5 ]　陈零极，柴彦威. 上海市民大型超市购物行为特征研究. 人文地理，2006（5）.

[ 6 ]　戴晓晖. 中产阶层化——城市社会空间重构进程. 城市规划学刊，2007（2）.

[ 7 ]　成伯清. 现代西方社会学有关大众消费的理论. 国外社会科学，1998（3）.

[ 8 ]　顾朝林，宋国臣. 北京城市意象空间调查与分析. 规划师，2001（2）.

[ 9 ]　顾朝林，宋国臣. 北京城市意象空间及构成要素研究. 地理学报，2001（1）.

[10]　顾朝林，宋国臣. 城市意向研究及其在城市规划中的运用. 城市规划，2001（3）.

[11]　顾朝林. 战后西方城市研究的学派. 地理学报，1994，49（4）.

[12]　郭景萍. 生产消费文化与媒体消费文化. 广东商学院学报，2002（3）.

[13]　何承金，蒋青. 四川省城市居民贫困问题研究. 四川大学学报（哲社版），1999（1）.

[14] 黄春晓,顾朝林. 基于女性主义的空间透视——一种新的规划理念. 城市规划，2003（27）.

[15] 黄杏玲,王宁,颜萍. 消费文化中的建筑艺术. 建筑学报,2003（4）.

[16] 柯志明. 消费文化：一种致命的迷惑与宰制. 世纪中国. 2001（6）.

[17] 李蕾蕾. 当代西方"新文化地理学"知识谱系引论. 人文地理. 2005（2）.

[18] 李蕾蕾. 从新文化地理学重构人文地理学的研究框架. 地理研究，2004（1）.

[19] 李郁,许学强. 广州市意象空间分析. 人文地理，1993（3）.

[20] 李永文. 社会空间研究的方法. 地理，1993（5）.

[21] 李强，等. 我国社会各阶层收入差距分析. 科技导报，1995（11）.

[22] 李怀,鲁蓉. 住房空间分化与社会不平等：一个解释框架. 西北师范大学学报，2012（1）.

[23] 李斌. 效率与分化：中国城市住房改革40年回顾. 学术前沿,2018(11).

[24] 刘欣. 转型期中国大陆城市居民的阶层意识. 社会学，2001（3）.

[25] 刘士林. 文学：从文化研究到都市文化研究. 学术研究,2007(10).

[26] 刘望保,翁计传. 住房制度改革对中国城市居住分异的影响. 人文地理. 2007（1）.

[27] 刘进. 论空间批评. 人文地理，2007（2）.

[28] 刘凯,秦耀辰,毋河海,李全. 本体论,后现代主义与地理学的发展. 人文地理，2007（3）.

[29] 毛小平. 社会分层,城市住房消费与贫富分化—基于CGS2005数据的分析. 兰州学刊，2010（1）.

[30] 宋迎昌,武伟. 北京市外来人口空间集聚特点形成机制及其调控对策. 经济地理，1997（4）.

[31] 司金銮. 当代中国消费文化学术发展探索. 江淮论坛，1999（4）.

[32] 唐晓峰. 文化转向与后现代主义地理学——约翰斯顿《地理学与地理学家》新版第八章述要. 人文地理，2000（1）.

[33] 唐晓峰. 还地理学一份人情. 读书，2002（11）.

[34] 唐晓峰. 文化转向与地理学. 人文地理，2000（7）.

[35]　唐晓峰，等. 人文地理学理论的多元性. 人文地理，2001（2）.

[36]　唐子来. 西方城市空间结构研究的理论和方法. 城市规划汇刊，1997（6）.

[37]　汤茂林，柴彦威. 改革开放以来我国人文地理学，译著出版的特征，问题与建议. 人文地理，2007（3）.

[38]　田文祝，柴彦威，李平. 当代西方人文地理学研究动态——人文地理学词典评述. 人文地理，2005（4）.

[39]　王宁. 情感消费与情感产业——消费社会学研究系列之一. 中山大学学报（社会科学版），2000（6）.

[40]　王丽燕，崔焱，宋顺锋. 我国居民住房分化特征及其影响因素研究——基于天津市微观调查数据. 城市发展研究，2018（4）.

[41]　吴开泽. 住房市场化与住房不平等——基于 CHIP 和 CFPS 数据的研究. 社会学研究，2019（6）.

[42]　于光远. 谈谈消费文化. 消费经济，1992（1）.

[43]　姚华松，薛德升，许学强. 1990 年以来西方城市社会地理学研究进展. 人文地理，2007（3）.

[44]　尹世杰. 略论消费文化. 财贸经济，1995（3）.

[45]　杨伯淑，李凌凌. 资本主义消费文化的演变，媒体的作用和全球化. 新闻与传播研究，2001（1）.

[46]　杨魁. 消费主义文化的符号化特征与大众传播. 兰州大学学报，2003（1）.

[47]　杨国枢. 中国人的思维方式. 本土心理研究，1998（7）.

[48]　杨国枢，瞿海源. 中国“人”的现代化：有关个人现代化的研究. 台北研究院民族学研究所集刊，1974（37）.

[49]　杨中芳. 如何深化本土心理学兼评现阶段本土心理学研究. 本土心理学研究，1993（1）.

[50]　杨伯淑，李凌凌. 资本主义消费文化的演变，媒体的作用和全球化. 新闻与传播研究，2001（1）.

[51]　易峥，阎小培，周春山. 中国城市社会空间结构研究的回顾与展望.

城市规划汇刊，2003（1）.

[52]　魏华，朱喜钢，周强. 沟通空间变革与人本的邻里场所体系架构
——西方绅士化对中国大城市社会空间的启示. 人文地理，2005（3）.

[53]　吴启焰. 城市社会空间分异的研究领域及其进展. 城市规划汇刊，
1999（3）.

[54]　吴启焰，崔功豪. 南京市居住空间分异特征及其形成机制. 城市规
划，1999（12）.

[55]　王兴中. 社会地理学社会—文化转型的内涵与研究前沿方法. 人文
地理，2004（19）.

[56]　王兴中，刘永刚. 人文地理学研究方法论的进展与"文化转向"以
来的流派. 人文地理，2007（3）.

[57]　修春亮，夏长金. 中国城市社会区域的形成过程与发展趋势. 城市
规划汇刊，1997（4）.

[58]　徐晓军. 我国城市社区走向阶层化的实证分析. 城市发展研究，
2000（4）.

[59]　许学强，等. 广州市社会空间结构的因子生态分析. 地理学报，1989
（4）.

[60]　郑静，等. 广州市社会空间的因子生态再分析. 地理研究，1995（2）.

[61]　周尚意. 英美文化研究与新文化地理学. 地理学报，2004，59.

[62]　张京祥，等. 后现代主义城市空间模式的人文探析. 人文地理，1998
（4）.

[63]　张妍. 消费主义时代的建筑行为. 山西建筑，2004，30（16）.

[64]　张军. 论城市空间生产中的空间隔离. 城市学刊，2016（5）.

## 3. 统计分析理论与应用

[ 1 ]　贾俊平，何晓群. 统计学. 北京：中国人民大学出版社，2003.

[ 2 ]　李怀祖. 管理学研究方法论. 西安：西安交通大学出版社，2004.

[ 3 ]　刘先勇，袁长迎，段宝福，周方洁. SPSS10.0 统计分析软件与应用.
北京：国防工业出版社，2002.

[ 4 ]　马庆国. 管理统计——数据获取，统计原理，SPSS 工具与应用研究. 北京：科学出版社，2003.

[ 5 ]　吴明隆. SPSS 统计应用实务. 北京：科学出版社，2003.

## 4. 学位论文

[ 1 ]　陈凌. 上海地区空巢家庭居住问题研究. 上海：同济大学，2005.

[ 2 ]　陈雨月. 城镇居民符号性住房消费行为研究. 郑州：郑州大学，2018.

[ 3 ]　丁旭. 转型期居住空间形态个性研究. 杭州：浙江大学，2004.

[ 4 ]　戴文强. 当前宏观经济背景下成都房地产行业发展方向研究. 成都：电子科技大学，2018.

[ 5 ]　李新. 北京市居住空间分异与社区文化认同. 北京：北京师范大学，2004.

[ 6 ]　刘旺. 北京市居住空间结构与居民住宅区位选择行为研究. 北京：中国科学院地理科学与资源研究所，2005.

[ 7 ]　接家东. 中国中产阶级社会地位认同的消费社会学分析——以城市个人住房消费为例. 长春：吉林大学，2006.

[ 8 ]　田文祝. 改革开放后北京城市居住空间结构研究. 北京：北京大学，1999.

[ 9 ]　王又佳. 建筑形式的符号消费——论消费社会中当代中国的建筑形式. 北京：清华大学，2006.

[10]　薛彦波. 漂浮的场所——后现代文化背景下场所意义的不确定性研究. 北京：中央美术学院，2007.

[11]　杨晓锋. 住房分配货币化后居民住区选择与居住空间分异研究——以北京市为例. 北京：北京大学，2000.

[12]　邹颖. 中国大城市居住空间研究. 天津：天津大学研究生院，2000.

[13]　张晓春. 文化适应与中心转移——近现代上海空间变迁的都市人类学研究. 南京：东南大学，2006.